O FIO PERDIDO

Jacques Rancière

O FIO PERDIDO

ENSAIOS SOBRE
A FICÇÃO MODERNA

Tradução
Marcelo Mori

martins fontes
selo martins

© 2017 Martins Editora Livraria Ltda., São Paulo, para a presente edição.
© La Fabrique-Éditions, 2013.
Esta obra foi originalmente publicada em francês sob o título
Le fil perdu – Essais sur la fiction moderne

Publisher *Evandro Mendonça Martins Fontes*
Coordenação editorial *Vanessa Faleck*
Produção editorial *Susana Leal*
Capa *Douglas Yoshida*
Preparação *Luciana Lima*
Revisão *Regina Schöpke*
Julio de Mattos

1ª edição março de 2017 | **Fonte** Palatino (TT)
Papel Off set 90 g/m² | **Impressão e acabamento** Imprensa da Fé

Dados Internacionais de Catalogação na Publicação (CIP)
(Câmara Brasileira do Livro, SP, Brasil)

Rancière, Jacques
 O fio perdido : ensaios sobre a ficção moderna / Jacques Rancière; tradução Marcelo Mori. –
São Paulo : Martins Fontes - selo Martins, 2017.

Título original: Le fil perdu – Essais sur la fiction moderne
ISBN 978-85-8063-315-3

1. Ficção 2. Ficção - História e crítica
I. Título.

17-02048　　　　　　　　　　　　　CDD-809.3

Índices para catálogo sistemático:
1. Ficção : História e crítica 809.3

Todos os direitos desta edição reservados à
Martins Editora Livraria Ltda.
Av. Dr. Arnaldo, 2076
01255-000 São Paulo SP Brasil
Tel.: (11) 3116 0000
info@emartinsfontes.com.br
www.emartinsfontes.com.br

Índice

Prólogo   7

I. O fio perdido do romance   15
     O barômetro da sra. Aubain   15
     A mentira de Marlow   38
     A morte de Prue Ramsay   59

II. A República dos poetas   79
     O trabalho da aranha   79
     O gosto infinito pela República   100

III. O teatro dos pensamentos   123

Prólogo

"Não há livro ali dentro; não há essa coisa, essa criação, essa obra de arte de um livro, organizado e desenvolvido, e que vai em direção a seu desfecho por vias que são o segredo e o gênio do autor". É dessa maneira que um crítico francês julga, em 1869, uma obra recentemente saída do prelo. E é uma crítica do mesmo tipo que um jornal inglês faz, trinta anos depois, a uma outra novidade: "Para dizer honestamente a verdade, ele se arrasta. Em primeiro lugar, os parágrafos são longos demais. Eles se estendem, às vezes, por algumas páginas. O livro se estende da mesma maneira. Ele é carregado de atmosfera, carregado da magia do Oriente, mas carece de ossatura. A ausência de coluna vertebral paralisa o livro"[1].

Assim foram executados dois romances que a posteridade consagrará como obras-primas da literatura moderna, *A educação sentimental*, de Flaubert, e *Lord Jim*, de Conrad. Se eu cito esses juízos, não é para confirmar a ideia generalizada da novidade que perturba os críticos convencionais. Pelo contrário, pretendo levar a sério o que esses críticos nos dizem: os livros que são exemplares para nós foram, inicialmente, não

---

1. Barbey d'Aurevilly, "Gustave Flaubert", in *Les hommes et les œuvres. Le romain contemporain* [Os homens e as obras. O romance contemporâneo], Slatkine reprints, 1968, vol. XVIII, p. 103; "From Captain Conrad's *Lord Jim*", *The Queen, The Lady's Newspaper*, 3 de novembro de 1900, in Allan H. Simmons (ed.), *Joseph Conrad, Contemporary Reviews* [Joseph Conrad, resenhas contemporâneas], vol. I, Cambridge University Press, 2012, p. 293.

livros, narrativas erráticas, monstros sem coluna vertebral. Na época de *A educação sentimental* e de *Lord Jim*, algo aconteceu à ficção. Ela perdeu a ordem e as proporções segundo as quais se julgava sua excelência. É a opinião dos críticos que veem Flaubert errar sem destino pela imagem do jovem desocupado que é seu herói paradoxal e Conrad se perder cada vez mais seguindo a fuga de seu anti-herói em direção às ilhas mais longínquas. Mas também era o sentimento que os próprios inovadores tinham. Relendo a segunda parte de *Madame Bovary*, Flaubert se inquieta com a desproporção da obra: o comprimento do "prólogo" que desenvolve os "preparativos psicológicos, pitorescos, grotescos" da ação não fará com que o romance se estenda a 75 mil páginas se ele quiser "estabelecer uma proporção mais ou menos equivalente entre as Aventuras e os Pensamentos"[2]? Mas se a proporção constitui um problema para o romancista, é porque precisamente a escrita desse "prólogo" apagou, linha por linha, a própria distância entre a imaterialidade do pensamento e a materialidade da ação, entre o tempo dos "preparativos" e o das "aventuras". Para Conrad, a indistinção entre a ação e o seu prólogo, entre o pensamento e a aventura já é algo normal. Assim, ele não hesita em reivindicar positivamente a vagabundagem de que outros o acusam. A um confrade que reclama dos *side shows* que interrompem a história de *Lord Jim*, ele responde simplesmente que o próprio *main show*, a história do barco covarde-

---

2. Gustave Flaubert, carta a Louis Bouilhet, 8 de dezembro de 1853, *Correspondance* [Correspondência], Gallimard, Bibliothèque de la Pléiade, 1980, t. II, p. 472.

mente abandonado com suas centenas de peregrinos, "não é particularmente interessante ou excitante". Daí a necessidade, diz ele, de introduzir no quadro "um monte de gente que eu encontrei – ou, pelo menos, que vi alguma vez – e várias coisas que eu ouvi casualmente pelo mundo afora"[3]. No entanto, dispensando os princípios mais universalmente aceitos da construção das histórias, o autor de Lord Jim reabre a questão fundamental: o que faz a diferença entre uma ficção literária e o simples relato das coisas e das pessoas encontradas casualmente pela vida? E ele deve enfrentar a resposta aceita desde Aristóteles: o que separa a ficção da vida ordinária é a existência de um começo, de um meio e de um fim. Ele resolveu a metade do problema começando seu relato pelo meio e fazendo desse tempo do meio não mais um ponto intermediário, mas a matéria sensível da qual as "aventuras" e os "pensamentos" são feitos. Mas ele não pode escapar de outra obrigação, a de terminá-lo com um fim. E ele deve confiar esse fim a um *deus ex machina*, um aventureiro que aparece de lugar nenhum para provocar o tiro, única coisa suscetível de interromper a errância de Jim. Conrad justifica esse fim puramente factual a seu editor: a psicologia de Jim, diz ele, nesse estágio da narrativa, é suficientemente conhecida para que seja possível se ater simplesmente aos fatos[4]. Mas o problema

---

3. Joseph Conrad, carta a William Hugh Clifford, 13 de dezembro de 1899, *The Collected Letters of Joseph Conrad* [Cartas coligidas de Joseph Conrad], editado por Frederick R. Karl e Laurence Davies, Cambridge University Press, 1986, vol. 2, p. 226.

4. Em relação ao problema do final de *Lord Jim*, cf. a carta a William Blackwood de 19 de julho de 1900, *The collected letters of Joseph Conrad*, vol. 2, p. 283-5.

é mais radical: passar da "psicologia" aos "fatos" é romper com o próprio princípio da nova ficção, que não separa mais a ação de sua "preparação"; é ser infiel a esse tecido sensível que torna aventuras e pensamentos indistintos. A nova ficção não tem fim. Os livros que ela produz devem ter um fim, mas este talvez esteja condenado a nunca ser o bom.

Os ensaios reunidos aqui tentam pensar em algumas das transformações e alguns dos paradoxos que fundam a ficção moderna sobre a destruição daquilo que parecia – daquilo que ainda muitas vezes parece – fundamentar toda a ficção: a coluna vertebral que faz dela um corpo que se mantém de pé por si mesmo; o regulamento interno que subordina os detalhes à perfeição do conjunto; os encadeamentos de causas e de efeitos que asseguram a inteligibilidade da narrativa por meio de seu desenvolvimento temporal. Essa revolução não foi feita por manifestos, mas por deslocamentos nas práticas de escrita. Estes foram, às vezes, tentativas deliberadas, mas às vezes, também, surpresas para os próprios escritores que os realizavam. Da mesma maneira, é por intermédio de alguns casos singulares que essa revolução será tratada aqui: soluções encontradas pelo(a) escritor(a) para mudar a natureza dos acontecimentos que compõem uma ficção, para lhe dar novos personagens, outros encadeamentos temporais, outra forma de realidade ou de necessidade: assim, na obra de Virginia Woolf, a tentativa de contar a história de uma casa desabitada com os acontecimentos puramente materiais afetando suas paredes ou seus objetos; ou ainda a maneira pela qual uma cadeia de sensações produz, na obra de Flaubert, o acontecimento de uma mão que se deixa cair, ou, na obra de Conrad, o de um corpo que pula dentro de um escaler. Mas essa revolução também será abordada por meio dos problemas propostos aos leitores e aos críticos pelas novas proporções ou desproporções da ficção: é o caso desse desequilíbrio entre as imobilidades da descrição e a dinâmica da ação que Barthes interpreta na categoria do "efeito de real". Tentarei mostrar que o excesso "realista" da descrição pode ser interpretado bem diferentemente se levarmos em conta a relação entre a população da ficção e a estrutura da ação ficcional, e extrair dela uma ideia totalmente diferente da relação entre a poética da ficção e sua política.

Essa relação foi, mais frequentemente, colocada dentro de uma problemática da representação. Mas essa problemática é duplamente redutora. Por um lado, ela coloca a ficção do lado de um imaginário ao qual ela opõe as realidades sólidas da ação e, em particular, da ação política. Por outro lado, ela explica suas estruturas como expressão mais ou menos deformada dos processos sociais. No entanto, já se sabe desde Aristóteles que a ficção não é uma invenção de mundos imaginários. Ela é, em primeiro lugar, uma estrutura de racionalidade: um modo de apresentação que torna as coisas, as situações ou os acontecimentos perceptíveis e inteligíveis; um modo de ligação que constrói formas de coexistência, de sucessão e de encadeamento causal entre os acontecimentos e confere a essas formas as características do possível, do real ou do necessário. Ora, essa dupla operação é exigida em toda parte onde se trata de construir um certo sentido de realidade e de formular a inteligibilidade. A ação política, que dá nome aos sujeitos, identifica as situações, liga os acontecimentos e deduz, a partir disso, possíveis e impossíveis, usa as ficções como os romancistas ou os cineastas. A mesma coisa acontece com a ciência social, da qual a própria possibilidade vem da revolução literária que confundiu a antiga oposição entre a racionalidade causal da ficção poética e a sucessão empírica dos fatos históricos. É verdade que ela a esquece de bom grado quando empreende a explicação da invenção dos esquemas ficcionais a partir da realidade dos processos sociais. Mas ela paga o preço desse esquecimento porque, dessa maneira, apenas explica a ficção por meio de outra ficção. Esse é o papel que o conceito de reificação teve na interpretação "política" dos esquemas literários. Esse simples conceito permitiu reduzir a exuberância descritiva dos romances balzaquianos ou a impessoalidade do estilo flaubertiano, a *flânerie* baudelairiana, as epifanias visuais de Conrad, de Proust ou de Virginia Woolf, o monólogo interior de Joyce, o formalismo "moderno" ou a fragmentação "pós-moderna", a uma causa única, a forma-mercadoria na qual se dissimula o trabalho humano. Mas a reificação não é de maneira alguma o conceito de um processo econômico que serviria de fundamento ou de modelo aos outros. É simplesmente uma interpretação da evolução das sociedades modernas. Pode-se encontrar a sua origem na crítica de Schiller à divisão do trabalho. Essa crítica se viu interceptada pelo discurso contrarrevolucionário sobre a comunidade humana fraturada pela abstração revolucionária, depois transformada em oposição romântica entre o orgânico e o mecânico, retomada pelas jovens "ciências do espírito" e comunicada por elas à sociologia da "racionalização" antes de ser identificada por Lukács ao fetichismo marxista da mercadoria e de se tornar a grande ficção que dá a todas as outras seu fundamento. Os ensaios aqui reunidos gostariam de mostrar que essa ficção da política focalizada no devir-coisa das relações humanas – alienação, reificação, espetáculo – não parou de encobrir a verdadeira importância política que influencia a própria natureza dessas "relações humanas". Nas revoluções modernas da ficção, toda uma tradição progressista conheceu um processo que fragmentou a humanidade ou destronou a ação em benefício da passividade das coisas. As páginas a seguir convidam a ver outra coisa: uma destruição do modelo hierárquico que submete as partes ao todo e divide a humanidade entre a elite dos seres ativos e a multidão de seres passivos.

Eu posicionarei, então, a política da ficção não ao lado do que ela representa, mas ao lado do que ela realiza: as situações que ela constrói, as populações que ela convoca, as relações de inclusão ou de exclusão que ela institui, as fronteiras que ela traça ou apaga entre a percepção e a ação, entre os estados de coisas e os movimentos do pensamento; as relações que ela estabelece ou suspende entre as situações e suas significações, entre as coexistências ou sucessões temporais e as cadeias da causalidade. Nenhuma dessas operações, em seu princípio, é própria da ficção literária. E poderíamos, vantajosamente, substituir a interrogação ritual sobre as relações entre política e literatura por uma análise dos paradigmas de apresentação dos fatos, de encadeamento entre os acontecimentos e de construção do sentido que circulam entre as diversas áreas do conhecimento ou da atividade humana. Mas, por outro lado, as formas da ficção admitida permitem perceber as lógicas de apresentação dos fatos e de produção de seus sentidos que oculta, em outro lugar, a invocação da evidência do dado ou da necessidade científica. As regras aristotélicas da ficção subentendem os princípios que a ação política realista, a ciência social ou a comunicação midiática reivindicam. E os desregramentos da ordem ficcional permitem, contrariamente, pensar as novas relações entre as palavras e as coisas, as percepções e os atos, as repetições do passado e as projeções no futuro, o sentido do real e do possível, do necessário e do verossímil do qual se tecem as formas da experiência social e da subjetivação política. É nessa perspectiva que, aqui, serão analisadas as formas paradoxais da democracia romanesca, as singularidades da República poética ou o desregramento das relações entre pensamento e ação que o teatro revela no próprio palco onde ele convoca o povo das revoluções e o das notas de curiosidade.

I. O fio perdido do romance

O barômetro da sra. Aubain

Em 1968, Roland Barthes escreveu um texto destinado a se tornar canônico: "O efeito de real". O modelo que o guiava e dominava então a reflexão estruturalista sobre a ficção era fornecido pela análise dos contos desenvolvida nos anos 1920 pelos formalistas russos. Isso reduzia a fantasia dos contos populares à organização de um número definido de relações narrativas fundamentais. Mas a bela simplicidade do modelo encontrava certas dificuldades quando devia enfrentar essas ficções conhecidas como realistas nas quais o relato é sobrecarregado por elementos descritivos impossíveis de serem reduzidos à funções narrativas. Barthes ilustrou o problema com um detalhe tomado de *Um coração simples*, de Flaubert. No começo do relato, o romancista descreve a casa da sra. Aubain que serve de cenário para a ação e se fixa em um detalhe: "Um velho piano, debaixo de um barômetro, servia de apoio a um monte piramidal de caixas, algumas de papelão"[1]. Evidentemente, esse barômetro não serve para nada, não tem nenhuma função na história. Do ponto de vis-

---

1. Gustave Flaubert, "Un cœur simple" in *Trois contes* [Três contos], *Œuvres* [Obras], Gallimard, Bibliothèque de la Pléiade, 1952, t. II, p. 591.

ta da análise estrutural, é uma indicação parasita que, como Barthes disse, usando a metáfora econômica, "aumenta o custo da informação narrativa". Essa denúncia do barômetro supérfluo prolonga uma longa tradição crítica, que deplora a vã proliferação descritiva do romance realista. No *Manifesto surrealista*, André Breton atacava a minuciosa descrição feita por Dostoiévski do quarto da usurária em *Crime e castigo*. Para ele, isso era apenas uma "sobreposição de imagens de catálogos[2]". No prefácio de *A invenção de Morel*, Borges denunciava a tradição realista e psicológica francesa. Há, diz ele, páginas e capítulos de Proust que são inaceitáveis como invenções, e aos quais "nós nos resignamos como ao cotidiano insípido e ocioso[3]". E ele opunha a isso esses relatos policiais bem construídos desenvolvendo "odisseias de prodígios" que são a consequência lógica de um único postulado ficcional.

Mas o teórico estruturalista não podia se contentar com esses rompantes modernistas com relação à monotonia realista. Se a obra realista viola o princípio estruturalista que bane o detalhe supérfluo, a análise estrutural, por seu lado, deve justificar "toda a superfície do tecido narrativo[4]". Ela deve, então, justificar os detalhes supérfluos, o que acaba sendo mostrar que eles não são supérfluos, que eles também têm um lugar e uma função na estrutura. Barthes considera,

---

2. André Breton, *Manifestes du surréalisme*, Gallimard/Idées, 1963, p. 15.

3. Jorge Luis Borges, prefácio da obra de Adolfo Bioy Casares, *A invenção de Morel*. Tradução francesa: 10/18, 1973, p. 8.

4. Roland Barthes, "L'effet de réel", *Le bruissement de la langue. Essais critiques IV* [O rumor da língua. Ensaios críticos IV], Éditions du Seuil, 1984, p. 179.

em primeiro lugar, a superfluidade descritiva como a sobrevivência de uma tradição antiga, a do discurso epidíctico, no qual o objeto da descrição valia menos do que o desenvolvimento de imagens e de metáforas brilhantes que mostram a virtuosidade do autor para satisfazer apenas o prazer "estético" do ouvinte ou do leitor. Ele mostra essa filiação na célebre descrição panorâmica da cidade de Rouen ocasionada pelos deslocamentos extraconjugais de Emma Bovary. Mas um barômetro é um objeto carregado de uma sedução estética limitada. É preciso, então, encontrar outra utilidade para esse acessório inútil. Mas expor dessa maneira o problema é fornecer a solução: sua utilidade é exatamente ser inútil. Se um elemento se encontra em um relato sem que haja alguma razão para sua presença, isso significa que essa presença é incondicional, que está ali simplesmente por estar. Essa é a lógica ao mesmo tempo simples e paradoxal do efeito de real. A utilidade do detalhe inútil, quer dizer: eu sou o real. O real não precisa ter uma razão para estar ali. Pelo contrário, ele prova sua realidade pelo próprio fato de não servir para nada, logo ninguém precisou de uma razão para inventá-lo.

 Essa evidência sem frase do real é, para Barthes, o substituto moderno da verossimilhança que era a norma, desde Aristóteles, da ordem representativa. Mas não é, precisamente, senão um substituto. O romancista realista não pode pular da antiga ordem mimética para a modernidade autêntica, visto que a ordem do processo significante tem sua lógica autônoma. Mas esse próprio substituto de uma ordem defunta é de uma fecundidade temível. Ele se torna, segundo Barthes, o âmago de um fetichismo que nos garante "que o 'real' tem a reputação de ser autossuficiente, que é suficientemente forte para desmentir qualquer ideia de 'função', que sua enunciação não tem a mínima necessidade de estar integrada em uma estrutura e que o *ter-estado-lá* das coisas é um princípio suficiente da palavra[5]". Sem dúvida o leitor de hoje se diverte ao ver estigmatizada essa evidência do "ter-estado-lá" que, doze anos depois, o autor de *A câmara clara* celebraria. O Barthes de 1968 ainda se encontra próximo dos tempos brechtianos em que ele desmontava as "mitologias" burguesas que transformavam a história em natureza. Analisar o efeito de real ainda é, para ele, denunciar a maneira pela qual uma ordem social é dada com a evidência do que simplesmente está ali, natural e intangível. Essa desmontagem se une às conclusões das análises de Sartre sobre a literatura: este denunciava em Flaubert e nos escritores de sua geração uma obstinação em coisificar tudo, em petrificar tudo, e ele via nisso a estratégia de uma burguesia ameaçada pela práxis social e que desejava escapar de sua condenação transformando palavras, gestos e ações em pedra. Mais amplamente, toda uma tradição crítica do século XX denunciou as descrições minuciosas do romance realista do século anterior como o produto de uma burguesia ao mesmo tempo atravancada com seus objetos e ansiosa por afirmar a eternidade de seu mundo ameaçado pelas revoltas dos oprimidos.

---

5. *Ibid.*, p. 185.

No entanto, essas análises talvez se enganem em relação ao âmago do problema. Vamos tentar demonstrar aqui que a inflação da descrição em detrimento da ação que faz a singularidade do romance realista não é a exibição das riquezas de um mundo burguês preocupado em afirmar sua perenidade. Ela não é, tampouco, esse triunfo da lógica representativa que se descreve de bom grado. Ela marca, pelo contrário, a ruptura da ordem representativa e do que era seu cerne, a hierarquia da ação. E essa ruptura está ligada ao que é o centro das intrigas romanescas do século dezenove: a descoberta de uma capacidade inédita dos homens e das mulheres do povo de obter formas de experiência que lhes eram, até então, recusadas. Barthes e os representantes da tradição crítica ignoraram essa reviravolta porque seus pressupostos modernistas e estruturalistas ainda estavam ancorados na tradição representativa que eles pretendiam denunciar.

Para entender isso, precisamos voltar ao juízo que condenava *A educação sentimental*. Neste caso, não há, segundo Barbey, um livro com um desenvolvimento organizado: "O sr. Flaubert não entende o romance dessa maneira. Ele segue sem plano, andando para frente, sem preconcepção superior, nem mesmo percebendo que a vida, sob a diversidade e a aparente desordem de seus acasos, tem suas leis lógicas e inflexíveis e seus engendramentos necessários [...] É uma perambulação pelo insignificante, pelo vulgar e pelo abjeto pelo prazer de passear por eles[6]". O problema para Barbey não é

---

6. Barbey d'Aurevilly, "Gustave Flaubert", in *Les hommes et les œuvres, Le roman contemporain*, op. cit., p. 103.

que existam detalhes supérfluos que estejam ali apenas para dizer que "nós somos o real". O problema é existirem *apenas detalhes*. Falta ao romance o que é a própria condição da ficção. Esta deve ser um corpo em que as partes se coordenam sob a direção de um centro. O modelo que fundamenta esse juízo e estrutura mais amplamente a poética representativa é claramente identificável. É o da totalidade orgânica, colocada por Platão como característica do discurso vivo e por Aristóteles como princípio da obra poética. A poesia, diz este último, não tem relação com a música, ela não é uma combinação rítmica de palavras. Ela tem relação com a ficção. E a ficção é um encadeamento de ações ligadas pela necessidade ou pela verossimilhança. É por isso que a ficção é "mais filosófica" que a história. Porque ela só tem relação com o *kath' hekaston*, com a sucessão dos fatos, como eles acontecem, um depois do outro, enquanto a poesia tem relação com a generalidade das coisas tomadas em sua totalidade (*ta katholou*), ou seja, com o encadeamento dos acontecimentos como eles *poderiam* acontecer segundo os laços causais da necessidade ou da verossimilhança[7].

É exatamente isso que estabelece, para Barbey, a inferioridade do romancista realista: esse "andando para frente" ignorando os "engendramentos necessários". É preciso medir o impacto do privilégio dado à racionalidade poética sobre o caráter empírico histórico. Para se constituir como saberes científicos, a história e a ciência social tiveram de pegar em-

---

7. Aristoteles, *Poética*, 1451, b7.

prestado da poesia o princípio que declara a construção de um encadeamento causal verossímil mais racional que a descrição dos fatos "como eles acontecem". Porque a ficção não é a fantasia à qual o rigor da ciência se opõe. Ela lhe fornece, muito pelo contrário, um modelo de racionalidade. E é exatamente esse modelo que é ameaçado pela presença supérflua de barômetros ou outros acessórios do mesmo gênero. Longe de ser o triunfo da poética representativa, essa invasão da realidade prosaica poderia realmente ser sua ruína.

É também porque a distinção poética entre dois tipos de encadeamentos dos acontecimentos se baseia em uma distinção entre dois tipos de humanidade. O poema, segundo Aristóteles, é uma organização de ações. Mas a ação não é simplesmente o fato de fazer algo. É uma categoria organizadora de uma divisão hierárquica do sensível. Segundo essa divisão, há homens ativos, homens que vivem ao nível da totalidade porque são capazes de conceber grandes fins e de tentar realizá-los enfrentando outras vontades e golpes do acaso. E há homens que simplesmente veem as coisas lhes acontecer, uma depois da outra, porque vivem na simples esfera da reprodução da vida cotidiana e porque suas atividades são, pura e simplesmente, meios para assegurar essa reprodução. Estes últimos são chamados de homens passivos ou "mecânicos", não por não fazerem nada, mas apenas por não fazerem nada além de fazer, sendo excluídos da ordem dos fins que é o da ação. Esse é o âmago político da política representativa. A boa organização aristotélica das ações do poema se baseia nessa divisão inicial entre homens ativos e homens passivos. A mesma divisão se aplica às intrigas da era clássica quando as emoções e paixões das almas vêm substituir os acasos do destino na França de Luís XIV. A verossimilhança, que é o âmago da poética representativa, não está ligada apenas à relação entre as causas e os efeitos. Ela também está ligada às percepções e aos sentimentos, aos pensamentos e às ações esperadas de um indivíduo segundo sua condição pessoal.

Essa articulação da ordem poética com a divisão das condições é clara para os que julgam Flaubert. E é mais que natural que eles liguem a desordem desses relatos sem cabeça a uma subversão das condições sociais. Ao falar de *Madame Bovary*, o crítico Armand de Pontmartin dá um nome a esse reino do "detalhe" que torna todos os episódios do romance igualmente importantes ou igualmente insignificantes. É, segundo ele, a democracia na literatura. Essa democracia é, em primeiro lugar, o privilégio dado à visão material e é, ao mesmo tempo, a igualdade de todos os seres, de todas as coisas e de todas as situações oferecidas à visão. Mas se esses detalhes da descrição são igualmente insignificantes é porque estão ligados às pessoas cuja própria vida é insignificante. A democracia literária quer dizer gente demais, excesso de personagens semelhantes a todos os outros, indignos, portanto, de serem distinguidos pela ficção. Essa população atravanca o relato. Ela não deixa lugar para a seleção de caráteres significativos e para o desenvolvimento harmonioso de uma intriga. Acontecia exatamente o contrário com o romance dos tempos aristocráticos que se beneficiava com o espaço liberado pela estratificação das posições sociais: "No romance tal qual era concebido anteriormente, nesse romance cujo delicioso modelo continua sendo *A princesa de Clèves*[8], a personalidade humana, representada por todas as superioridades de nascimento, de espírito, de educação e de coração, deixava pouco espaço, na economia do relato, aos personagens secundários, e menos ainda aos objetos materiais. Esse mundo requintado só via a plebe pela porta de suas carruagens e os campos pelas janelas de seus palácios. Daí um grande espaço, e admiravelmente preenchido, para a análise dos sentimentos, mais delicados, mais complicados, mais difíceis de serem desembaralhados e compreendidos nas almas da elite do que nas do povo". Por outro lado, na escola realista da qual *Madame Bovary* é o exemplo, "todos os personagens são iguais [...] O trabalhador rural, o palafreneiro, o mendigo, a ajudante de cozinha, o ajudante do boticário, o coveiro, o vagabundo e a mulher que lava a louça assumem uma posição enorme; naturalmente as coisas ao seu redor também se tornam tão importantes quanto eles próprios; eles só poderiam ser distinguidos pela alma e, nessa literatura, a alma não existe[9]".

Essa crítica nos mostra cruamente a base social do relato bem construído e da obra orgânica. A boa relação estru-

---

8. Obra de madame de Lafayette, publicada em 1678. (N. E.)

9. Armand de Pontmartin, *Nouvelles causeries du samedi* [Novas conversações de sábado], 1860, p. 321-2.

tural entre as partes e o todo se baseia em uma divisão entre as almas de elite e as figuras do povo. Certamente, a plebe sempre teve seu lugar na ficção. Mas era, justamente, o lugar subalterno ou o gênero inferior no qual lhes era permitido divertir a plateia agindo e gesticulando como convém a esse tipo de pessoa. E é essa distribuição de papéis que a nova ficção destrói. Nesse ponto o crítico assustado com a democracia se engana sobre o cerne do problema. Ele se agarra aos estereótipos da imagem contrarrevolucionária que vê o espaço antes estruturado pela galharia dos grandes carvalhos sufocado desde então pela mata dos arbustos democráticos. Mas o mal se encontra mais no fundo. O problema não é que os seres comuns atravanquem o espaço antes destinado ao desenvolvimento dos sentimentos refinados com seus problemas prosaicos. Acontece que suas novas paixões vêm embaralhar a própria divisão entre as almas de ouro destinadas aos sentimentos refinados e as almas de ferro destinadas às atividades prosaicas.

Esse é o transtorno causado pelo relato atravancado do famoso barômetro. *Um coração simples* é a história de uma pobre criada analfabeta cuja existência monótona é marcada por uma série de paixões infelizes ligadas, sucessivamente, a um namorado, a um sobrinho, à filha de sua patroa e, para terminar, a um papagaio. É nesse contexto que o barômetro ganha seu sentido. Ele não está lá para atestar que o real é bem real. Porque a questão não é saber se o real é real. É saber a textura desse real, ou seja, o tipo de vida que é vivido pelos personagens. Sem dúvida o barômetro se encontra no relato sem uma intenção preconcebida, pura e simplesmente porque o romancista o "via" quando ele imaginava o cenário da história. Mas se ele o via tão nitidamente era porque esse instrumento prosaico resume todo um mundo sensível. O ponteiro que marca as variações da pressão atmosférica também simboliza a existência imóvel daqueles cujo horizonte se limita a saber, a cada manhã, as condições favoráveis ou desfavoráveis que o tempo proporcionará às atividades do dia. Ele marca a separação entre os que vivem na sucessão de trabalhos e de dias, e os que vivem na temporalidade dos fins. Ele vai, a partir de então, marcar outra coisa: o elo dessas existências obscuras com o poder dos elementos atmosféricos, as intensidades do sol e do vento e a multiplicidade dos acontecimentos sensíveis cujos círculos se ampliam ao infinito. O mundo dos trabalhos e dos dias não é mais o da sucessão e da repetição opostas à grandeza da ação e de seus fins. Ele é a grande democracia das coexistências sensíveis que evoca a estreiteza da ordem antiga das consequências causais e das conveniências narrativas e sociais. *Um coração simples* é testemunho da revolução que surge quando uma vida, normalmente destinada a seguir o ritmo dos dias e das variações do clima e da temperatura, reveste a temporalidade e a intensidade de uma cadeia de acontecimentos sensíveis excepcionais. O ponteiro do barômetro inútil marca a reviravolta na distribuição das capacidades de experiência sensível que separava as vidas destinadas ao útil das existências destinadas às grandezas da ação e da paixão. O ser mais humilde, o mais ordinário, pode, a partir de então, alçar às grandes intensidades do mundo; ele tem a capacidade de transformar a rotina da existência quotidiana em um abismo da paixão, seja ela dirigida a um rapaz ou a um papagaio empalhado. O suposto "efeito de real" é, sobretudo, um efeito de igualdade. Mas essa igualdade não é a equivalência de todos os indivíduos, objetos e sensações sob a pena do escritor. Não é verdade que todas as sensações sejam equivalentes, mas é verdade que qualquer uma dentre elas pode provocar, para qualquer mulher das classes inferiores, a vertiginosa aceleração que a torna propensa a sentir os abismos da paixão.

Esse é o significado dessa democracia literária. Ela ataca o âmago político do princípio de verossimilhança que governava as proporções da ficção. Qualquer um, a partir de então, pode sentir qualquer sentimento, qualquer emoção ou paixão. O objeto dessa paixão é pouco importante por si só. A Felicidade de *Um coração simples* é uma criada modelo, acostumada a qualquer tarefa e fanaticamente devotada a servir sua patroa. Mas esse fanatismo é portador de desordem. Felicidade não serve como convém servir segundo a lógica das conveniências sociais e das verossimilhanças ficcionais. Ela serve com uma intensidade de paixão que ultrapassa, amplamente, as capacidades de emoção de sua patroa. Essa intensidade não é apenas inútil. Ela é perigosa, como qualquer capacidade sensível que excede o que é necessário para o serviço cotidiano. O devotamento extremo beira a perversão radical.

Alguns anos antes de *Um coração simples*, os colegas e amigos de Flaubert, Edmond e Jules de Goncourt haviam publicado outra história de criada, *Germinie Lacerteux*, inspirada em suas experiências pessoais. Germinie também era uma criada fanaticamente devotada a sua patroa. Mas no decorrer do romance pode-se ver que a mesma paixão que fazia dela uma criada modelo também podia fazer dela uma mulher capaz de tudo para satisfazer suas paixões e seus desejos sexuais até o grau mais extremo da degradação física e moral. A angelical Felicidade e a monstruosa Germinie são as duas faces de uma mesma moeda. Ambas pertencem, como Emma Bovary, à temível espécie dessas filhas de camponeses que são capazes de tudo para saciar suas paixões mais sensuais ou suas aspirações mais ideais. Essa nova capacidade de qualquer um viver qualquer vida arruína o modelo que unia a organicidade do relato à separação entre homens ativos e homens passivos, almas de elite e almas vulgares. Ela produz esse real novo, feito da própria destruição do antigo "possível", esse real que não é mais um campo de operação para os heróis aristocráticos das grandes ações ou dos sentimentos refinados, mas o entrelaçamento de uma multiplicidade de experiências individuais, o tecido vivido de um mundo no qual não é mais possível distinguir as grandes almas que pensam, sentem, sonham e agem, e os indivíduos presos na repetição da vida nua. Flaubert não tem nenhuma simpatia pela democracia política. Mas a história de Emma, que desejava verificar em sua vida o sentido de algumas palavras furtadas aos livros destinados às almas de elite – *felicidade*, *embriaguez* ou *paixão* – é parente da tentativa dos operários emancipados que reconstroem sua experiência cotidiana a partir das palavras desses heróis românticos que sofrem por não terem "nada para fazer na sociedade" ou dos revolucionários que formulam a nova igualdade em termos extraídos da antiga retórica ou do texto evangélico. Ela é parente da audácia dessas jovens costureiras, suficientemente afetadas pelas palavras do "novo cristianismo" de Saint-Simon para bancarem as educadoras de uma futura humanidade, compartilhando ao mesmo tempo, quando possível, a cama dos jovens pregadores oriundos da escola politécnica. Ela exprime a multiplicidade dessas "rebeliões silenciosas" contra um destino de imobilidade que fermentam, segundo Charlotte Brontë, entre a "multidão de vidas que povoam a terra[10]".

Não há um "efeito de real" que substitua a antiga verossimilhança. Há uma nova textura do real produzida pela transgressão das fronteiras entre as formas de vida. E essa transgressão muda a textura da ficção em seu duplo aspecto de organização de acontecimentos e de relação entre os mundos. A história de Emma Bovary não é testemunho, como costumamos dizer, da distância entre o sonho e a realidade. Ela é testemunho de um mundo no qual o tecido de um não é mais diferente do outro. O real não é mais um espaço de desenvolvimento estratégico para os pensamentos e as vontades. Ele é a cadeia das percepções e dos afetos que tecem

---

10. Charlotte Brontë, *Jane Eyre*, Pocket Classiques, 1999, p. 180.

esses pensamentos e essas vontades. É essa tecelagem que define a nova textura dos episódios romanescos. Os críticos reacionários daquele tempo se queixam, como Barbey, de que o encadeamento das ações seja substituído por uma série de "quadros" simplesmente pregados uns aos outros. Os críticos progressistas do século seguinte reconhecerão, naturalmente, nesse reino das imagens imóveis a expressão da reificação capitalista. Mas esses "quadros" não são imagens e eles não são imóveis. É por meio de diferenças, deslocamentos e condensações de intensidades que o mundo exterior penetra as almas e estas fabricam seu mundo vivido. É esse tecido que funde percepções e pensamentos, sensações e atos, que constituirá, desde então, tanto a vida dos proletários de Zola quanto a das burguesas de Virginia Woolf, os aventureiros dos mares do Oriente de Conrad ou os negros e a plebe branca do Sul provinciano de Faulkner. Mas ele foi primeiramente a nova música da indistinção entre o ordinário e o extraordinário que coloca em uma mesma tonalidade a vida das criadas do interior e a das grandes mulheres da capital, a música que exprime a capacidade de qualquer um de sentir qualquer forma de experiência sensível.

    A análise de Barthes desconhecia essa importância política porque a ideia de estrutura que a comanda – e que comanda mais amplamente a ideologia da modernidade artística – é, ela própria, dependente do modelo orgânico que governava a ordem representativa. Ao excesso descritivo, ela opõe uma ideia da estrutura como uma associação funcional de causas e de efeitos, que subordina as partes ao todo. A análise estrutural deve designar a cada unidade narrativa um lugar na estrutura. Ela encontra, então, o mesmo escândalo que os campeões da poética representativa diante de um tecido ficcional feito de "detalhes" sem função na totalidade da narrativa. Mas a importância política que ainda era clara para os primeiros se encontra apagada no contexto do "modernismo" triunfante que acredita criticar a lógica da representação enquanto retoma o cerne mais importante dela. Barthes analisa o "efeito de real" do ponto de vista estruturalista que identifica a modernidade literária e sua influência política em uma purificação da estrutura narrativa, varrendo as imagens parasíticas do real. Mas a literatura, como forma moderna da arte da escrita, é exatamente o oposto. Ela é a supressão das fronteiras que delimitam o espaço da pureza ficcional. O que está em jogo nesse excesso não é a oposição entre a singularidade nua e a estrutura. É o conflito de duas divisões do sensível. Ao se opor o "detalhe" supérfluo à funcionalidade da estrutura, esse conflito desaparece. Ele também desaparece ao se pensar na ruptura da lógica representativa da ação por meio do conceito de reificação. Esse conceito coloca, no centro da modernidade, a perda de uma totalidade da experiência vivida. Mas essa "totalidade" era a de um mundo estritamente dividido em dois mundos de experiência sem comunicação. E é essa divisão que a democracia da ficção moderna vem revogar.

No entanto, a democracia ficcional não acompanha, automaticamente, a democracia política. A igualdade própria à nova ficção pertence a essa redistribuição das formas da experiência sensível da qual também participam as formas de emancipação operária ou a multiplicidade das rebeliões que atacam a hierarquia tradicional das formas de vida. No entanto, ela não exprime as aspirações políticas da democracia ou as da emancipação social. Sartre quis detectar a estratégia niilista de uma burguesia ameaçada pelo desenvolvimento do proletariado e pelas insurreições operárias no poder petrificante do estilo de Flaubert. Mas é uma contradição muito mais ampla que vê, no século XIX, o triunfo do gênero romanesco ser acompanhado por uma ruína do modelo da ação estratégica. Dos conspiradores balzaquianos, dos quais todas as tentativas se tornam um fracasso, aos generais tolstoianos, que imaginam dirigir batalhas cujo sucesso depende de milhares de causas entrelaçadas que escapam a sua estratégia, passando pelo Raskólnikov de Dostoiévski, que concebe racionalmente os fins de sua ação, mas a executa apenas como um ato alucinatório, o romance desse século não parou de declarar a falência da ação estratégica exatamente onde ele nos mostrava heróis metodicamente engajados na conquista da sociedade. Evoquei, em outra parte, a estranha duplicidade da fábula, aparentemente simples, de *O vermelho e o negro* que opõe, na verdade, as duas formas nas quais a subversão das posições sociais se apresenta ao jovem plebeu ambicioso: como conquista de poder ou como compartilhamento de uma igualdade sensível[11]. Eu sugeri que se percebesse,

---

11. Cf. "Le ciel du plébéien", in Jacques Rancière, *Aisthesis. Scènes du régime esthétique de l'art* [Aisthesis. Cenas do regime estético da arte], Galilée, 2011, p. 61-77.

nessa história individual, uma tensão que afeta, em uma escala totalmente diferente, as formas da revolução popular ou as manifestações da emancipação operária: a descoberta da capacidade de qualquer um de viver qualquer espécie de experiência parece coincidir com uma defecção do esquema da ação estratégica adaptando os meios aos fins. Essa tensão se encontra no âmago das ações mais resolutas de transformação social. Antes mesmo de unir os meios da ação às demonstrações do conhecimento, a jovem ciência marxista identificou a realização revolucionária da essência humana à abolição da separação entre os meios e os fins.

Não é, portanto, opondo a esse ponto sua igualdade sensível às finalidades da ação que a democracia literária se separa da outra. A tensão entre igualdade sensível, ação estratégica e ciência da sociedade pertence muito mais amplamente à história dos movimentos modernos de emancipação. Mas a nova literatura também opera uma cisão no próprio cerne dessa igualdade sensível que une as transformações da forma romanesca às rebeliões silenciosas ou ruidosas dos homens e das mulheres do povo em busca de uma outra vida. As ações de Emma Bovary, que desejava experimentar o sentido de algumas palavras lidas nos livros que não eram destinados às filhas de camponeses, são testemunho de um movimento mais amplo da afirmação da capacidade dos anônimos: filhos de operários ou filhas de camponeses, identificados pela ocupação de um lugar definido na totalidade social e destinados à forma de vida correspondente a essa posição, rompem com essa atribuição identitária. Eles rompem com o universo da vida invisível e repetitiva para colocar em ação capacidades e viver formas de vida que não correspondem a sua identidade. Essas operações de desidentificação que desfazem as relações "normais" entre identidades e capacidades tornam possível a revolução literária, que destrói as identidades e as hierarquias da ordem representativa. Mas essa própria revolução realiza uma operação bem precisa em relação a essas manifestações subversivas do poder dos anônimos. Ela separa esse poder dos agentes que o colocam em ação para fazer dele seu poder, o poder impessoal da escrita. Essa apropriação comporta duas operações. A primeira decompõe essas manifestações da capacidade dos anônimos em uma poeira de microacontecimentos sensíveis impessoais. A segunda identifica o movimento da escrita à própria respiração desse tecido sensível.

A primeira operação pode ser ilustrada pelo episódio mais célebre de *Madame Bovary*, o que conta o nascimento do amor de Emma por Rodolphe no meio da agitação dos comícios agrícolas. Rodolphe utiliza o arsenal clássico das palavras e das atitudes próprias para seduzir uma pequena burguesa provinciana. No entanto, não é essa lógica dos meios adaptados ao fim que assegura seu sucesso. O amor de Emma nasce, na realidade, como a modificação produzida por uma cadeia de acontecimentos sensíveis que ocorrem *kath' hekaston*, um depois do outro, sem que sua agregação seja o efeito de nenhum cálculo: o calor de uma tarde de verão, as vozes dos oradores que ecoam no ar, os mugidos dos bois, os balidos das ovelhas, pequenos raios de ouro em volta de pupilas negras, um perfume de baunilha e de limão, uma longa nuvem de poeira levantada por uma diligência, a lembrança de uma valsa e de antigos desejos turbilhonando como grãos de areia no vento, cuja consequência final é a mão – dela – se abandonando em outra mão – a do sedutor. Dessa maneira, seu amor nasce como o efeito de uma multiplicidade de microacontecimentos sensíveis, carregados em uma mesma corrente, feita também de palavras lidas nos livros, de imagens vistas nos pratos, de vinhetas coloridas decorando os missais ou os álbuns de recordações, de perfumes de altar e de refrãos de baladas sentimentais.

A democracia romanesca opõe essa ordem das coexistências sensíveis à antiga ordem das consequências e das conveniências. Mas essa democracia tem seu preço: a inquietante aptidão dos anônimos para viverem outras vidas além das "suas" é absorvida no fluxo de microacontecimentos que transforma as manifestações em cristalizações singulares da grande Vida impessoal. Se qualquer um pode sentir os sentimentos refinados até então reservados às "almas de elite", é que esses sentimentos refinados não são mais o que eles eram. Eles não são mais disposições íntimas dos indivíduos, mas condensações aleatórias de um turbilhão de acontecimentos sensíveis impessoais, de uma "vida da alma" ainda desconhecida: um movimento perpétuo de uma infinidade de átomos que se agrupam, se separam ou se agrupam de novo no seio de uma vibração perpétua. É esse movimento que dá à nova ficção sua textura. É ele que lhe dá a resposta às críticas que denunciam a incapacidade dessa ficção de subordinar seus "detalhes" à unidade de um todo. A oposição entre o *kathoulou* poético e o *kath' hekaston* empírico se tornou ultrapassada. O todo se encontra agora nos detalhes. Ele se encontra na aspiração comum que carrega a sucessão desses acontecimentos sensíveis liberados das cadeias da causalidade. Ele não se encontra mais no equilíbrio entre as partes da intriga. Ele se encontra no trabalho da escrita, nesse "estilo" que não tem, justamente, mais nada a ver com os adornos e os ornamentos do discurso epidíctico, visto que ele traduz a vida do todo, a aspiração impessoal que mantém unidos os acontecimentos sensíveis e lhes faz produzir essas condensações singulares que se chamam desejo ou amor. A democracia ficcional coloca em ação uma forma bem específica de igualdade: a das frases que carregam o poder de união do todo, o poder igualitário da respiração comum que anima a multiplicidade dos acontecimentos sensíveis.

A igualdade sensível passou, então, para o lado da escrita. E a capacidade do personagem que a encarnava se cindiu em duas partes. De um lado, a individualidade de Emma Bovary é uma condensação de acontecimentos impessoais. Do outro, é uma identidade definida pelas funções narrativas que corresponde a formas sociais de identificação: filha de camponês, que mora em um pequeno vilarejo, jovem, mãe, esposa e amante. O personagem se encontra definido no cruzamento entre dois mundos sensíveis, o da dança impessoal dos átomos e o das identidades e propriedades sociais. Mas essa conjunção entre dois mundos também é o princípio de uma nova hierarquia. O personagem está separado do escritor pela impossibilidade de perceber essa dualidade. Emma está atrasada em relação ao livro que conta sua história. Ela não pode perceber o entrelaçamento de acontecimentos sensíveis que tece "seu" amor. Ela o interpreta nos termos clássicos da identidade e da causalidade como história de seu amor por outra pessoa. Ela se torna, dessa maneira, presa da velha lógica narrativa e social à qual o romancista opõe o poder de suas frases. O escritor sacrifica o personagem de cujo poder igualitário subversivo ele se apropriou para transformá-lo no poder impessoal da escrita.

Mas a operação que entrega o personagem da nova ficção à velha lógica representativa também faz dessa ficção um compromisso. Flaubert foi o primeiro a questionar o problema da ficção moderna: que sistema de relações entre personagens e situações pode constituir a obra ficcional quando a velha hierarquia das formas de vida que definia o espaço da ficção e comandava sua unidade orgânica está em ruínas? Como conciliar o novo mundo de percepções e de sensações que libera essa ruína com a necessidade de construir um todo que comporte um começo, um meio e um fim, ou seja, também, uma história de vontades e de ações que levam a sucessos ou fracassos? E ele encontrou uma resposta que se tornou um modelo para a ficção moderna: a solução não existe em relação ao todo. Ela deve vir do *kath' hekaston*: não apenas ao nível dele, mas por ele. A escrita, na qual o novo poder de igualdade sensível foi incorporado, deve exercer uma função dupla. Unindo uma frase a outra e um acontecimento narrativo a outro, ela deve também construir uma ponte entre a lógica das conexões impessoais da vida e a lógica das identidades sociais e das relações causais. A nova lógica dos estados sensíveis coexistentes e a antiga lógica das ações encadeadas podem, então, deslizar, imperceptivelmente, uma sobre a outra. O escritor insere, nos interstícios das histórias de amor e de dinheiro, a vibração da grande igualdade impessoal dos acontecimentos sensíveis, produzindo, dessa maneira, o desvio imperceptível que muda, ao longo da frase, o modo de produção da ação narrativa. Mas a coisa pode ser dita ao contrário: a expressão dessa grande igualdade é incorporada na vibração da frase apenas para ser melhor submetida à velha lógica da ação: intrigas de vilarejo, histórias de amor imaginárias e problemas financeiros bem reais. O poder anônimo da frase acaba por ter, em relação à velha lógica da intriga, o mesmo papel que essas iniciativas artísticas de Emma que Charles Bovary suporta sem entender a sedução: "Elas adicionavam algo ao prazer de seus sentidos e à doçura de seu lar. Era como uma poeira de ouro que cobria todo o percurso do estreito caminho de sua vida"[12].

---

12. Gustave Flaubert, *Madame Bovary*, in Œuvres, op. cit., t. I, 1951, p. 346.

A mentira de Marlow

Esse compromisso pelo qual a nova música das frases cobre de ouro o velho caminho da intriga não seria uma mentira que sacrifica a verdade da experiência às exigências de maus alfaiates? É contra estes que Virginia Woolf publica o manifesto que reivindica o pleno direito da ficção moderna[13]. Seu texto assume uma posição exatamente oposta à dos críticos que, sessenta anos antes, denunciavam o "materialismo" de Flaubert. O pecado materialista era, para eles, substituir a ordem orgânica da história pelas sucessões de "quadros". Virginia Woolf derruba a argumentação: os verdadeiros materialistas são os defensores das intrigas bem-feitas e das partes subordinadas ao todo. Os romancistas que encarnavam esse ideal, Arnold Bennett, John Galsworthy ou H. G. Wells, são materialistas, segundo ela, porque se interessavam somente pelo corpo, e não pela "vida da alma". "Eles escreviam sobre coisas sem interesse. Eles gastavam imensa habilidade e capacidade para dar ao trivial e ao transitório o aspecto do verdadeiro e do durável." Mas "todo esse enorme trabalho para provar a solidez da história, sua semelhança com a vida, não é apenas um trabalho desperdiçado. É um trabalho inverso que obscurece a clareza da concepção"[14]. A vida da alma não se parece com esses ternos bem cortados. Ela é feita com

---

13. Virginia Woolf, "Modern Fiction", in *The Common Reader, The Essays of Virginia Woolf* [O leitor comum. Os ensaios de Virginia Woolf], editado por Andrew McNeillie, Hogarth Press, 1994, vol. IV, 1925-28, p. 157-65.

14. "Modern Fiction", *ibid.*, p. 160.

uma chuva sempre cambiante de acontecimentos sensíveis. A cada momento de cada dia comum "o espírito recebe uma infinidade de impressões – triviais, bizarras, evanescentes ou gravadas com uma lâmina de aço. Elas vêm de todos os lados, uma chuva incessante de átomos; e segundo o modo pelo qual elas caem, pelo qual elas se moldam na vida de segunda-feira e de terça-feira, a influência se mostra de maneira diferente da anterior". A tarefa do escritor livre é, então, "registrar os átomos como eles caem sobre o espírito na ordem na qual eles caem", seguir "a trama, tão desordenada e incoerente em sua aparência como em cada espetáculo ou cada incidente inscrito na consciência"[15]. O leitor apressado poderia perguntar que diferença existe entre o "trivial" e o "evanescente" dessa chuva de átomos e o "transitório" aos quais os romancistas da velha escola buscam dar o aspecto do verdadeiro e do durável. A resposta é fácil de ser dada: a diferença se encontra, exatamente, na maneira de tratar o insignificante e o efêmero. Os "materialistas" querem o sólido. E, no que diz respeito à ficção, o sólido se chama verossímil: a transformação da chuva de átomos em qualidades pertencentes às identidades; a integração dos incidentes em um esquema reconhecível de causas e efeitos. Os "materialistas" parecem ser obrigados, "por algum tirano poderoso e sem escrúpulos [...] a fornecer uma intriga, fornecer comédia, tragédia, uma história de amor e um ar de verossimilhança perfumando tudo [...]"[16]. Virginia

---

15. *Ibid.*, p. 160.

16. *Ibid.*, p. 160.

Woolf inverte, assim, a oposição aristotélica: a lógica da verossimilhança é uma mentira antiartística. A ordem das coisas "como elas poderiam ser" exerce, em relação à grande democracia dos átomos sensíveis, uma tirania comparável às regras de primazia do Almanaque de Whitaker segundo as quais o arcebispo de Canterbury precede o Lorde Chanceler, este precedendo o arcebispo de York[17]. A verdade se encontra na queda dos átomos, ela se encontra no *kath' hekaston*. Mas este não é o desenrolar insignificante das sucessões e das repetições da vida cotidiana; ele é a grande coexistência, a vida universal imanente a cada configuração aleatória dos átomos. Trata-se de opor não o singular à totalidade, mas um modo de existência do todo a outro. E é muito naturalmente uma totalidade de tipo atmosférico, uma totalidade difusa composta de partículas discretas, que assume o lugar do modelo orgânico do todo: "A vida é um halo luminoso, um invólucro semitransparente que nos envolve desde os primórdios de nosso ser-consciente até o fim"[18].

Virginia Woolf não inventou a imagem desse halo luminoso. Ela o tomou emprestado de um outro escritor de língua inglesa, Joseph Conrad. No começo de *O coração das trevas*, o narrador indicava, na verdade, o que distinguia os relatos de

---

17. Virginia Woolf, "La marque sur le mur" [A marca na parede], in *Monday ou Tuesday* [Segunda ou terça-feira], traduzido por Michèle Rivoire, in Œuvres romanesques [Obras romanescas], sob a direção de Jacques Aubert, Gallimard, Bibliothèque de la Pléiade, t. 1., p. 886. Por comodidade, todas as referências às obras de Virginia Woolf, neste capítulo e no seguinte, serão dadas nesta edição, mesmo que eu tenha, frequentemente, adotado uma versão francesa que se afasta, mais ou menos, da dos tradutores.

18. "Modern fiction", op. cit., p. 160.

Marlow das histórias de marinheiros: "Para ele, o sentido de um episódio não estava no interior como uma semente, mas no exterior, envolvendo a história, que o revelava somente como uma incandescência revela a neblina, como esses halos brumosos que se tornam visíveis, frequentemente, pela iluminação espectral do luar"[19]. Mas a poética de Marlow, assim definida, definia na verdade a revolução operada pelo próprio Conrad no domínio da ficção: não é nos encadeamentos da história que deve se buscar o conteúdo ficcional. Esse conteúdo, que sempre se busca no interior, deve ser encontrado fora, "em volta" da história. Esse halo luminoso não é a difusão da luz de um centro. Essa luz central se encontra aí, pelo contrário, apenas para revelar o poder sensível da atmosfera dentro da qual ela está mergulhada. A chama está a serviço da névoa; o centro, a serviço da periferia. O que quer dizer que, para esse admirador de Flaubert, o halo luminoso não pode mais se confundir com a poeira de ouro que cobre o andamento da intriga. É a intriga que deve estar envolta pelo halo luminoso e que tem, como tarefa, iluminá-la, iluminar esse novo tecido da ficção que é o tecido da experiência humana tomada em sua verdade.

O sentido da história se encontra dentro do que envolve a história, ou seja, o meio do sentido, o meio das ações. E, logicamente, o próprio meio do sentido é desprovido de

---

19. Joseph Conrad, *The Heart of the Darkness* [O coração das trevas], traduzido por Jean Deurbergue, in Œuvres, sob a direção de Sylvère Monod, Gallimard, Bibliothèque de la Pléiade, 1985, t. II, p. 48. Em relação aos romances de Conrad, também remeterei a essa edição, mesmo adotando algumas soluções às vezes diferentes das dos tradutores.

sentido, o próprio meio das ações é inativo – não é porque não aconteça nada, mas porque o que acontece não pode ser mais conceitualizável nem narrável como encadeamento de ações necessário ou verossímil. Conrad foi o primeiro a dar um estatuto teórico a essa indistinção tendencial entre a ação e sua "preparação" da qual Flaubert se espantava de ser o artesão. Ele pôde fazer isso, logicamente, porque, no intervalo que separa suas histórias de mar do Oriente das histórias de costumes provincianos de Flaubert, as propriedades do novo tecido ficcional se tornaram elementos de uma filosofia da vida. A abolição da separação entre os humanos ativos e os humanos passivos tinha sido incorporada da mesma maneira nas frases da nova prosa. Mas essa própria igualdade das frases, tecendo a trama uniforme das percepções e das ações, dos pensamentos e das aventuras, se transformou. Ela se tornou a crença filosófica na vaidade dos pensamentos que acreditam elaborar livremente seus fins e das ações que acreditam seguir uma linha reta da sua realização. E o capitão Conrad, que voltou dos mares e das miragens de aventuras prometidas por seus nomes e seus desenhos nos mapas, tomou para si a crença niilista nessa vaidade. A um amigo socialista preocupado em melhorar o destino de uma humanidade que sabemos então destinada a perecer de frio, ele empurra, ao mesmo tempo, as fórmulas dessa crença na vaidade das ações humanas e as palavras que transformam ela mesma em vaidade: "Para quem vê as coisas sem paixão, o ardor para reformar, melhorar em direção à virtude, o conhecimento e até a beleza são apenas um apego vão às aparências, como se nos preocupássemos com o corte de nossas roupas em uma comunidade de cegos. A vida nos conhece e nós não conhecemos a vida – nós sequer conhecemos nossos pensamentos [...]. A fé é um mito, e as crenças deslizam como névoas sobre a praia; os pensamentos se desvanecem; as palavras morrem logo depois de terem sido pronunciadas; e a memória de ontem também está tão repleta de sombras quanto a esperança do amanhã – apenas o rosário de meus lugares-comuns parece sem fim"[20].

Mas esses lugares-comuns filosóficos, que continuam na moda, podem adquirir um poder totalmente diferente se levados a sério, se não os tratarmos mais como filosofemas próprios para alimentar as conversas de coquetel, mas como formas estruturantes de um espaço ficcional, se mostrarmos efetivamente essa indistinção entre o conhecimento e a ignorância, entre a ação e a passividade, entre o real e o sonho. O fato de o real não ser distinto do sonho pode, na verdade, ser visto nos dois sentidos. Os filósofos de coquetel concluirão que a vida é apenas um sonho, sem que essa conclusão perturbe sua digestão. Mas o romancista vai retirar disso uma consequência totalmente diferente: se o real e o sonho são da mesma substância, quer dizer que existe apenas o real. É no fundo dessa identidade que se pode compreender a distinção, aparentemente estranha, que estabelece o célebre prefácio de *O negro do "Narciso"*, romance consagrado a um episódio ex-

---

20. Carta a R. B. Cunninghame Graham, 14 de janeiro de 1898, in *The Collected Letters of Joseph Conrad*, op. cit., vol. II, p. 17.

traído "das vidas obscuras de alguns indivíduos pertencentes à multidão desprezada dos incultos, dos simples e dos sem--voz"[21]. O artista, podemos ler nele, não é como o pensador ou como o homem de ciências. Estes "falam com autoridade ao nosso senso comum, à nossa inteligência, ao nosso desejo de paz ou de agitação: com muita frequência, aos nossos preconceitos, às vezes, aos nossos medos, frequentemente, ao nosso egoísmo – mas sempre à nossa credulidade"[22]. Mas a mesma coisa não acontece com o artista. Este não se dirige à credulidade, muito menos ao egoísmo, às ambições, aos medos e aos preconceitos.

Essa inversão de papéis que põe a credulidade do lado da ciência pode parecer surpreendente. Sua lógica é, no entanto, clara: o pensador e o homem de ciência se dirigem a espíritos que calculam as possibilidades de intervenção do pensamento e do desejo no mundo exterior, a espíritos preocupados com a ordem ou a desordem, temerosos ou supersticiosos, que precisam ser tranquilizados sobre a realidade do mundo e sobre a aptidão do pensamento para chegar a seus fins. Eles se dirigem aos espíritos positivos que precisam acreditar porque precisam traçar os caminhos do possível no mapa do real. Já o artista é um cético, o que não quer dizer que ele não acredite em nada, nem que ele peça a seu público o favor de uma "suspensão de incredulidade". Bem mais ra-

---

21. Joseph Conrad, *The Nigger of the "Narcissus"* [O negro do "Narciso"], traduzido por Robert d'Humières, Œuvres, op. cit., t. 1, p. 493.

22. *Ibid.*, p. 494.

dicalmente, ele suspende as próprias razões da crença, as que obrigam a distinguir as possibilidades do verossímil no tecido entrelaçado de pensamentos e atos que faz a consistência da experiência. O ceticismo com relação a todas as operações de distinção acontece ao mesmo tempo que a solidariedade com relação a todas as vidas cuja própria realidade é a de ser fadada à indecisão em relação ao que é real e ao que é sonhado, ao que é reconhecível e ao que é irreconhecível. O ceticismo assim visto é a "tônica dos espíritos, a tônica da vida, o agente da verdade – o caminho da arte e da salvação"[23].

Mas essa simpatia sem discernimento não define simplesmente a ética do artista. Ela determina a própria textura de sua obra, a textura da nova ficção. Que os sonhos e os atos sejam tomados no mesmo tecido sensível e que a própria percepção das coisas "como elas são" esteja relacionada com palavras[24] quer dizer que o escritor verídico só trabalha com o real, com as coisas "como elas são" e nunca com coisas "como elas poderiam ser". A crítica da obra de um colega dá a Conrad a ocasião de excluir do domínio da ficção a categoria do possível que fundava a poética representativa: "Tudo é perfeitamente exato nela e mesmo ostensivamente possível – mas nenhum episódio, acontecimento, pensamento ou palavra; nenhum ataque de alegria ou de tristeza é inevitável. O final é um insulto à inteligência do leitor não porque a filha de um

---

23. Carta a John Galsworthy, 11 de novembro de 1901, in *The Collected Letters of Joseph Conrad*, op. cit., vol. II, p. 359.

24. Carta a Hugh Clifford, 9 de outubro de 1899, *ibid.*, p. 200.

castelão se casa com um sargento, mas porque ela se casa com esse sargento. Também seria tão lógico dizer que ela se casa com um varredor de rua ou com o rei de Monomatapa. Tudo é possível, mas a marca do verdadeiro não se encontra na possibilidade das coisas, ela se encontra em sua inevitabilidade. A inevitabilidade é a única certeza: ela é a própria essência da vida – assim como dos sonhos. Uma pintura da vida é salva do fracasso pela limpidez dos detalhes. Como um sonho, ela deve ser surpreendente, inegável, absurda e assustadora. Como um sonho, ela deve ser ridícula ou trágica e, como um sonho, impiedosa e inevitável [...]. Nosso cativeiro na lógica incompreensível do acidente é apenas um ato do universo. Dessa realidade resultam a ilusão e a inspiração, o erro e a fé, o egoísmo e o sacrifício, o amor e o ódio [...]. Para produzir uma obra de arte, um homem deve conhecer essa verdade ou senti-la – mesmo sem saber"[25].

Existe apenas o real, ou seja, um conjunto de condições – tanto naturais quanto sociais –, cuja conexão final escapa a qualquer diretriz, e humanos que fazem dele, ao mesmo tempo, o lugar de seu ganha-pão e o teatro de suas ilusões – que são perfeitamente "reais" visto que apenas elas lhes fornecem as razões de viver e de agir. Todas as histórias que Conrad narra demonstram um mesmo esquema fundamental: elas sempre nascem de uma aparência, de uma ilusão, de um equívoco. *Lord Jim* conta o destino miserável de um sonho individual de heroísmo, *Coração das trevas*, o da grande mentira

---

25. Carta a T. Fischer Unwin, 22 de agosto de 1896, op. cit., vol. I, p. 302-3.

civilizatória da empresa colonial. *Nostromo* é o retrato de um homem que aceita ser pago apenas com olhares de admiração. *Sob os olhos do Ocidente* desenvolve as consequências de uma ilusão ótica: no ar reservado de um estudante que sonha apenas com medalhas acadêmicas, os revolucionários se obstinam em ver a profundidade de pensamento de uma alma cúmplice de seus grandes projetos. Mas a história, como sabemos, está aí apenas para esclarecer o que se encontra em volta, o tecido sensível no meio do qual as "ilusões" são produzidas e onde elas devem produzir seus efeitos: um meio perfeitamente real como cenário no qual os desejos devem se transformar em atos, perfeitamente fantasmagórico na escala da infinidade das conexões atômicas que constituem o lugar e o momento do ato e das que tecem o presente do tema que é o ato. A esse meio, a história fornece nomes de personagens, de lugares, de situações. Mas é de suas propriedades que deve ser tirada a necessidade que as reúne em uma ficção. Essa reunião não pode mais, então, ser um encadeamento em que as ações transformam as situações e criam, assim, as condições para outras situações e outras ações. Conrad dispensa essa lógica recusando que as divisões de *Lord Jim* sejam chamadas de capítulos. Um capítulo de romance faz a "história" avançar, mas o meio da história não avança. Ele é feito de faixas de luz e de névoa que se encontram no presente. Porque é somente no presente de uma cena que se assegura a clareza do detalhe, a única capaz de atestar que é a vida que se encontra ali, e não a representação de uma história "possível". A clareza do detalhe é a textura do inevitável: é a decomposição de uma situação e de uma ação na multiplicidade dos acontecimentos sensíveis que tem a realidade perceptível; mas também é o limite trazido a essa decomposição, a pontuação do encontro com o inconcebível que impede esse conjunto de acontecimentos sensíveis de constituir a racionalidade de uma situação e a razão suficiente de uma ação. Assim acontece com a cena mais célebre do romance mais famoso de Conrad, o episódio do abandono do *Patna* em *Lord Jim*. O episódio é feito de uma multiplicidade de estados e de incidentes sensíveis que transformam, primeiramente, o palco de uma possível ação em cenário de uma passividade antes que essa passividade seja concluída com um ato que exista apenas no passado. O relato descreve sucessivamente: a grande paz do céu e do mar imóveis que mantêm os sonhos de ação heroica de Jim; a briga do capitão adiposo com um mecânico sedento que reforça seu sentimento de ser estranho ao que quer que possa acontecer nesse mundo de medíocres; o choque material do encontro do navio com um obstáculo não identificado; a visão, à claridade de uma lanterna, de um porão invadido pela água e de uma placa solta enferrujada que indicam o naufrágio inevitável; a vã tentativa de calcular os meios de salvar oitocentos passageiros com sete botes que chega à resolução passiva de esperar calmamente o fim inevitável em vez de suscitar um verdadeiro pânico; o olhar sobre a massa de corpos deitados na ponte e as cabeças que se levantam e que caem em uma confusão de caixas, de guinchos e de ventiladores: uma nuvem negra que invade o céu: um soco dado por engano para fazer com que um peregrino, que apenas pedia água para seu filho, se calasse; um soco recebido inesperadamente de um mecânico que o tomou por um negro; o espetáculo ridículo e odioso do capitão e dos mecânicos se esforçando, impacientemente, para desprender um bote para se salvar; a queda de um dos fugitivos, vítima de um ataque do coração; o rangido dos rolamentos que começavam a girar e a liberar o bote; uma sacudida que parece vir da ponte e subir pelas costas de Jim até o topo de seu crânio; o murmúrio do vento, um grito de dor, uma batida na perna, o burburinho das vozes, os chamados dos fugitivos àquele que eles não sabiam estar morto: um conjunto de barulhos e de visões que caem sobre Jim e terminam com um balido, um uivo e um resmungo que criam o chamado do precipício em que ele se joga, ou, melhor dizendo, se jogou, tomando o lugar do cúmplice que essas vozes chamavam, também fazendo o que ele deveria ter feito em outra circunstância em que o erro do aprendiz marinheiro tinha sido o de não se jogar no momento certo.

Não devemos nos deixar enganar pela etiqueta "impressionista" facilmente colada nesse gênero de relato. O problema não é o de constituir a totalidade do quadro por pequenas pinceladas aproximadas. O percurso dos acontecimentos sensíveis revela, pelo contrário, a impossibilidade do quadro ser terminado. Ele só pode fazê-lo ao preço de atingir a derradeira verdade do real, ou seja, sua indistinção com o sonho. A realidade final é idêntica ao canto das sereias. Para escapar dela, podemos apenas nos amarrar ao mastro como Ulisses, circunscrever nosso olhar e nossos gestos ao círculo de pequenas coisas a serem feitas, como Marlow consertando os canos furados do barco que sobe o Congo para resistir ao chamado das danças enfeitiçadoras da margem ou o capitão Mac Whirr de *Tufão* que proscreve até o uso figurativo da linguagem. Mas, àquele cujos sonhos de heroísmo desviam desse cuidado com as coisas pequenas, resta apenas afundar como Jim no oceano do inconcebível. É isso o que distingue o pulo de Jim da mão abandonada de Emma. Flaubert construía sua cena atmosférica em círculos concêntricos. Desde o coro longínquo dos rebanhos, passando pelo dos oradores e dos moradores do vilarejo, o vento trazia o tumulto disperso dos acontecimentos sensíveis em direção ao centro onde ele se sintetizava no turbilhão de sensações individuais chegando ao abandono de uma mão em outra. A dinâmica atmosférica dos acidentes sensíveis se inseria, então, na lógica da intriga realizando, ao mesmo tempo, os sonhos sentimentais de Emma e os cálculos prosaicos de Rodolphe. Ela podia fazer isso porque os sentimentos se tornavam pensamentos, e os pensamentos se tornavam atos segundo a modalidade do desejo, do possível realizado. Em Conrad, a totalização dos acontecimentos sensíveis apenas se resolve no modo da identidade entre o real e o sonho. E é segundo essa modalidade da pura sucessão irracional das sequências reais do sonho que Jim pula no bote, em um ato que desmente, ao mesmo tempo, seus sonhos heroicos, os cálculos prosaicos de seus companheiros e a racionalidade positiva dos fatos esperada pelos juízes. O pulo de Jim pertence apenas à ordem do real, não à do possível. A grande nebulosidade dos estados sensíveis apenas se desdobra para marcar a cesura do inconcebível que a separa, definitivamente, dos encadeamentos *possíveis* da ação narrativa. O compromisso flaubertiano que submetia a verdadeira descrição dos estados sensíveis ao artifício da ficção causal não pode mais, então, ser mantido. A descrição dos momentos sensíveis não pode mais cobrir com essa poeira de ouro o caminho da intriga. Ela impõe uma construção temporal que faz com que a temporalidade normal da progressão das histórias exploda. Há apenas um episódio, diz Conrad a seu editor, para justificar sua recusa em transformar em capítulos as pausas do relato. Há apenas um único presente. Logicamente, esse presente é, ele mesmo, tecido do encontro entre o acaso pontual das circunstâncias, os fantasmas do passado e as antecipações do futuro que moram nas cabeças em que a quimera que empurra à ação não se separa das razões positivas da ação; e esse presente passado não para de assombrar toda a sequência da história. No entanto, precisamente, as próprias articulações do passado, do presente e do futuro, que ordenavam o tempo da ficção em uma progressão, passaram para o regime da coexistência. Elas se encontram, agora, no interior de cada presente. É também por isso que esse próprio presente é dado por meio de vários presentes narrativos, provados, cada um, pela precisão do "detalhe": no tribunal onde essa nuvem de acontecimentos sensíveis é julgada, em termos de fatos positivos e de responsabilidade, por um juiz com a cabeça ligeiramente inclinada sobre o ombro, por um primeiro assessor com um colar de barba rala e por um segundo assessor tamborilando com as pontas dos dedos sobre um mata-borrão, enquanto algumas flores murcham em um vaso ao lado de um tinteiro[26]; no terraço de um restaurante em que Jim conta sua história a Marlow, sentado perto de uma das pequenas mesas octogonais iluminadas por velas que queimam nos globos de vidro, em uma das confortáveis poltronas de vime que separam os buquês de plantas de folhas duras no meio da floresta de colunas vermelhas que filtra o brilho da noite escura e cintilante em que, ao longe, tremem as luzes dos navios[27]. O papel dos relatos e dos relatos de relatos nos grandes romances de Conrad não têm nada a ver com um relativismo perspectivista. Trata-se, pelo contrário, de assegurar a verdade absoluta de um presente renovando o modo de sua presença. É por isso que Conrad reintroduz a função do narrador que seu mestre, Flaubert, tinha feito desaparecer durante o primeiro capítulo de seu primeiro romance. Ele não hesita em multiplicar os "encontros", mais ou menos verossímeis, do narrador ficcional com os atores ou testemunhas dos acontecimentos. O verossímil, precisamente, não é o problema dele. O narrador tem como dever conjurar a distância que a narração objetiva sempre institui com essa verdade que apenas o "detalhe" garante. *Lord Jim* multiplica, assim, os pre-

---

26. *Lord Jim*, traduzido por Henriette Bordenave, Œuvres, op. cit., t. 1, p. 853.

27. *Ibid.*, p. 898.

sentes que difundem o único "acontecimento" do livro. *Nostromo* constrói uma multiplicidade de círculos que vêm cortar e alargar o círculo inicial de um acontecimento caricatural – uma revolução de coronéis em uma república da América do Sul – primeiramente visto através das variações dos ruídos e dos efeitos de luz que o tumulto externo provoca no interior de um restaurante bem entrincheirado. Cada um dos círculos serve para introduzir a história de novos personagens implicados na situação. Mas cada uma dessas próprias histórias só são atestadas pela singularidade de uma visão e de um ruído. Assim, a decisão tomada pelo jovem Charles Gould de retomar a mina, cuja prata se encontra no centro da história, é atestada pelo fato de ter sido tomada em um caminho toscano, à noite, quando as sombras das castanheiras, dos álamos e das construções das fazendas se alongam, ao som de um sininho cujo som agudo parece colocar no ar as palpitações do pôr do sol[28]. E até mesmo o desenvolvimento das atividades da mina é evocado através do olhar que observa, na hora da troca de turno, alguns jovens índios preguiçosamente encostados nas filas de vagões vazios, peneiradores e quebradores de minério fumando longos charutos, acocorados sobre os calcanhares, feixes de arbustos imóveis em cima da galeria e o ruído das torrentes misturado com o ronco das turbinas e com o martelar dos pilões da plataforma inferior[29]. A insistência no detalhe mostra, decididamente, ser algo totalmente diferente

---

28. *Nostromo*, traduzido por Paul Le Moal, Œuvres, op. cit., t. II, p. 611.

29. *Ibid.*, p. 644.

do "efeito de real", uma afirmação tautológica que substitui a verossimilhança perdida. É, sobretudo, uma destruição ativa dessa verossimilhança, uma revolução na ontologia da ficção que suprime o próprio espaço do real e do sonho e substitui a ordem dos encadeamentos possíveis pela temporalidade das coexistências. Mas a "vivacidade impiedosa do detalhe" não é apenas o interminável percurso de todas as copresenças que fazem uma situação. É também a marca do que tira essa situação de qualquer diretriz para fazer dela o palco de uma "aventura", ou seja, de um encontro aleatório e inevitável entre um ser de desejo e de quimera, e uma realidade cuja síntese escapa a qualquer cálculo das causas e dos efeitos. Ela é a marca do inevitável que, a qualquer momento, pode fazer pender o pensável no impensável, o perigo calculável no horror inconcebível e as quimeras da honra, da justiça ou do progresso na simples ascensão do horror. O inevitável do detalhe é a marca dessas situações-limites que são o emblema do pulo de Jim no bote da infâmia ou da subida de Marlow em direção ao lugar onde agoniza o missionário das Luzes ocidentais, que se tornou o mais feroz dos saqueadores de marfim e o objeto de um culto idólatra. Tais situações se encontram no limite do contável, mas elas também são a única coisa que vale a pena ser contada e, ao mesmo tempo, o que só pode ser contado, ou seja, transmitido por uma voz que torna sua própria palavra solidária com a experiência desses homens que chegaram até o final de suas quimeras.

Mas essa revolução na ontologia da ficção poderia suprimir a obrigação derradeira de dar ao relato um começo, um meio e um fim? Os críticos de Conrad, que reclamam geralmente que ele tenha fornecido um "estudo de caráter" em vez da ação esperada, lamentam também, naturalmente, que ele tenha transformado em romance tal situação que poderia dar, no máximo, material para uma novela. Já Conrad expõe melhor os termos do problema. O que merece ser contado não pode ser mais a ação de pessoas em busca do poder, da riqueza ou da glória, mas esses momentos singulares e imprevisíveis em que o brilho de uma quimera encontrando o incontrolável de uma situação perfura a rotina da existência. É "a intensidade de vida, essa luz brilhante suscitada por um choque de coisas fúteis, tão espantosa quanto o feixe de faíscas que jorra de uma pedra fria"[30]. A evocação desse esplendor é colocada por Conrad na boca de Marlow, o narrador, que, ele mesmo, só o menciona para marcar a impossibilidade de transmiti-lo aos homens positivos para os quais ouvir um relato ou ler um romance nunca será apenas uma atividade recreativa de coquetel. O novo relato, aquele que dispensou as razões da verossimilhança, sempre estará no limite do transmissível e do intransmissível – e é também uma das funções desse narrador que Conrad reintroduziu na ficção. Ele é um mediador encarregado de sublinhar, para seu auditório ficcional, o limite entre o que pode ou não pode ser transmitido. Mas a distância invocada por seu personagem afeta, evidentemente,

---

30. *Lord Jim*, in Œuvres, op. cit., t. 1, p. 1029-30.

a tarefa do próprio romancista: como ordenar esses presentes de luz e de trevas que são como uma serpente mordendo sua própria cauda, na forma do relato que progride em direção ao fim? Esses encontros dos acidentes da vida com a quimera que permite viver são a ausência de palavras do fim: "Nunca há tempo para dizer nossa última palavra – a última palavra de nosso amor, de nosso desejo, fé, remorso, submissão ou revolta. O céu e a terra não devem ser estremecidos. Pelo menos – eu acho – não por nós, que sabemos tantas verdades sobre um e sobre a outra"[31]. Dizer a verdade derradeira seria fazer o que o romancista se proíbe: assumir o papel do pensador que se dirige à "credulidade" do leitor, quando ele deve se dirigir apenas à simpatia incondicional por todos os humanos que sentem as alegrias e os sofrimentos de sua quimera. Não haverá uma palavra final de Jim, de Almayer ou de Nostromo. Há, sabemos, uma palavra final de Kurtz – uma palavra que diz tudo: "o horror". Mas esse dizer-tudo só poderia terminar o romance sendo infiel a seu princípio, se dirigindo à "credulidade" que torna vã a ficção e que a ficção torna fútil.

Não há um bom fim. E, no entanto, o romance deve ter um. Sua única escolha não estaria, então, entre o artifício e a mentira? O artifício é o *deus ex machina* que vem de fora para colocar um fim a uma história de quimera que não tem nenhuma razão para acabar. É o aventureiro Brown que parece desembarcar no Patusan apenas para provocar a engrenagem de assassinatos de que Jim será a vítima; é a história de amor

---

31. *Ibid.*, p. 1030.

e de ciúmes amorosos entre duas irmãs que aparece, inesperadamente, no fim de *Nostromo*, apenas para provocar o quiproquó que vê o herói sucumbir, erroneamente, pelo tiro de pistola do pai nobre que mirava outro alvo. Mas há algo pior que o artifício desajeitadamente enxertado para terminar a ficção interminável. Há a mentira que nega esse próprio princípio. É, no fim de *Coração das trevas*, a mentira de Marlow. Toda a subida pelo Congo feita por ele foi como uma reviravolta da ficção oficial: a missão civilizatória do homem ocidental para a abolição dos costumes bárbaros. Marlow viu, em relação à missão civilizatória, o desfile dos negros acorrentados, com uma coleira de ferro em volta do pescoço, carregando os materiais destinados a uma estrada de ferro inútil em um caminho íngreme; ele sentiu o cheiro da rapacidade estúpida e os sonhos de marfim flutuando entre os brancos desocupados errando com seus longos bastões por essas estações perdidas que deveriam ser os lugares do aperfeiçoamento humano; ele percebeu, em uma curva do rio, o chamado lançado, como do fundo dos tempos, por "uma explosão de uivos, um turbilhão de membros negros, uma infinidade de mãos que batiam, de pés que martelavam o solo; de corpos que se balançavam, de olhos que giravam, debaixo da cortina de folhagem pesada e imóvel"[32]. Ele encontrou no final do caminho as cabeças de morte enfeitando as paliçadas do missionário do progresso que se tornou objeto de um culto idólatra e que explora esse culto para organizar as caçadas e se apropriar de todo o mar-

---

32. *Coração das trevas*, in Œuvres, op. cit., t. II, p. 91.

fim da região. Ele leu em seu relatório vibrante de eloquência humanitária essas simples palavras rabiscadas na margem, "exterminar todos esses bárbaros", e ele escreveu sua última palavra: "o horror". Ainda lhe resta a realizar, na volta, uma missão derradeira: ir ver a noiva que guardou em seu coração a imagem sublime do herói civilizador e atender a seu último pedido: repetir-lhe as últimas palavras dessa grande alma, como um talismã que a ajude a viver. Marlow ouve, na voz baixa da jovem, o próprio eco dos ruídos de sua longínqua viagem: "O marulhar do rio, o sussurro das árvores balançadas pelo vento, o murmúrio das multidões, o som evanescente de palavras incompreensíveis proferidas ao longe, o suspiro de uma voz falando além do limiar de trevas eternas"[33]. No entanto, não são as palavras consonantes com esse rumor da "selvageria", as últimas palavras de Kurtz, que ele pronunciará, mas as que a noiva espera: "A última palavra que ele pronunciou foi – seu nome". Essa única palavra do fim mentiroso evoca a viagem que chegou ao verdadeiro âmago da mentira. A preocupação de não desesperar um coração que precisa da ilusão não é, evidentemente, o fundo da questão. O que está em causa é a própria possibilidade do relato dizer a verdade na mentira. O grande cenário de mar e de céu, de ilusão e de abismo em que Conrad fez brilhar o halo de luz tenebrosa está tão longe da luz filtrada e dos hábitos de pensamento próprios aos lugares onde se contam as histórias, que a própria distância obriga a mentir para acabar o relato e a submeter, de

---

33. *Ibid.*, p. 148.

novo, a verdade dos momentos sensíveis à tirania mentirosa das histórias.

A morte de Prue Ramsay

Talvez tenhamos que retirar uma lição paradoxal do caso: para fazer com que o halo luminoso fulgure e liberte seu brilho múltiplo da autoridade tirânica da intriga, é melhor trazer de volta o barômetro anunciador dos grandes tumultos do céu e da alma no espaço doméstico em que ele indica apenas a luz que colorirá o dia ou os passeios que serão possíveis no dia seguinte. É o que Virginia Woolf faz ao reduzir a intriga ao mínimo, no limite em que a sucessão das coisas como elas acontecem, uma depois da outra, quase se confunde com o simples desenrolar de um dia ou de uma vida: histórias familiares que duram o tempo de um dia, com suas luzes cambiantes e suas manchas variadas, ou o tempo de uma vida, com as atividades e sonhos próprios de cada idade, das brincadeiras infantis à morte, passando pelos anos universitários, as ocupações da vida adulta, o casamento e a maternidade. A luz do farol que pode ser avistada coloca um ponto final na viagem para James Ramsay; e os seis personagens de *As ondas* abandonam, ao inconsistente herói de seus sonhos, o risco da aventura oriental. Mas a restrição familiar da intriga apenas radicaliza a tensão. Porque a própria tirania da intriga é um negócio de família. A autoridade tirânica é, primeira e logicamente, a do pai. Em *Ao farol*, é o sr. Ramsay que conduz a intriga ao excluir, na primeira parte, a possibilidade da travessia antes de impor, na terceira parte, sua necessidade. Mas ao lado da tirania franca do pai, que decide o que o dia seguinte ordena ou proíbe, há a tirania branda, fusional, da mãe. Esta corrige a primeira, mas para servir de complemento. Ela ordena a grande rede das coexistências que se opõem à autoridade dos encadeamentos. Mas para apropriá-la, de outra maneira, à ordem familiar, reduzindo a chuva anárquica dos átomos às pequenas coisas e aos pequenos milagres da vida cotidiana. Como pintar, então, o halo luminoso que envolve a intriga tênue de uma travessia retardada escapando de uma ou outra tirania? É a pergunta feita à artista ficcional Lily Briscoe, que deve escapar não apenas ao frenesi casadouro da dona da casa, mas também a sua atração fusional, para poder compreender e fixar em sua tela "esse abalo que afeta os nervos, a coisa em si antes que se faça qualquer coisa dela"[34]. E é, primeira e logicamente, o que se pergunta a romancista que quer traduzir em palavras esta "coisa em si", livre de todas as propriedades que o uso prático ou a utilidade narrativa confere aos objetos dos sentidos.

Porque *Ao farol* propõe uma resposta radical a esse desafio na segunda parte, intitulada "O tempo passa". Esse tempo que passa, na realidade, não é apenas o intervalo dos anos de guerra durante os quais a casa de veraneio é abandonada. É um intervalo em que o tempo age sozinho sobre as coisas, produz sozinho os acontecimentos, sem ser medido por nenhum limite temporal ou por nenhuma escansão de alguma ativida-

---

34. Virginia Woolf, *To the Lighthouse*, traduzido por Françoise Pellan, Œuvres romanesques sob a direção de Jacques Aubert, Gallimard, Bibliothèque de la Pléiade, 2012, t. II, p. 174 (cf. a nota 19 acerca das traduções).

de ou projeto humano. A sucessão das noites e dos dias, e a das estações, com suas variações atmosféricas, determinam os acontecimentos totalmente libertos da tirania dos fins humanos – acontecimentos sensíveis absolutamente impessoais. Os personagens essenciais dessa seção são pequenas brisas separadas da massa central do vento, que passam pelas dobradiças enferrujadas e pelo madeiramento inchado pela umidade, se esgueirando pelos cantos da casa antes de invadir os cômodos vazios, brincando com as tapeçarias, agitando as cortinas, roendo a madeira e enferrujando as panelas. Os únicos acontecimentos marcantes na casa são uma tábua que cai sobre o patamar, um xale que escorrega e cai, pedaços de gesso que caem, um cardo que se insinua entre os paralelepípedos. Esses acontecimentos sensíveis que apenas o tempo produz na casa são, explicitamente, opostos àqueles que marcam o curso da vida humana e compõem ordinariamente a trama das ficções: histórias de amor, de casamento ou de morte, como o falecimento súbito da sra. Ramsay ou o feliz noivado de sua filha Prue e a morte desoladora desta. Esses acontecimentos familiares têm direito, aqui e ali, a duas ou três linhas, postas entre parênteses para melhor sublinhar sua total heterogeneidade em relação ao tecido sensível dos acontecimentos impessoais. É assim que os acontecimentos identificáveis da vida pessoal são colocados entre parênteses. É também a razão pela qual, com exceção da velha claudicante, periodicamente encarregada da impossível tarefa de resistir à invasão do tempo na casa vazia, as únicas "pessoas" que intervêm nessa seção são as próprias subjetividades totalmente impessoais, "vigias" sem identidade, puros indicadores que se arrancam do sono para ir buscar nas poças cintilantes da praia o remédio para as dúvidas da vida pessoal, a luz desse halo cujo espírito tem apenas fragmentos dispersos. E é exatamente isso que os reflexos nas poças parecem oferecer em algumas noites de verão: visões "de corpo transformado em átomos empurrados pelo vento, de estrelas iluminando seus corações repentinamente, de falésia, de mar, de nuvem e de céu reunidos expressamente para agrupar, em uma forma exterior, os fragmentos espalhados da visão interior"[35]. Esses espelhos nos quais o espírito se tornou inteiramente impessoal lançam chamados bem diferentes dos das sereias maléficas que acompanhavam o trajeto dos viajantes de Conrad. São chamados a "perambular por aqui e por ali em busca de um bem absoluto, de algum cristal de intensidade, afastado dos prazeres conhecidos e das virtudes familiares, algo estranho ao curso da vida doméstica, único, duro e brilhante como um diamante na areia que daria a segurança a quem o possuísse"[36]. Mas é em vão que o texto opõe a segurança desse diamante impessoal aos incidentes da vida doméstica simbolizados pela morte entre parênteses da desafortunada Prue Ramsay. Os parênteses não fazem nada. Esse sonho do absoluto contemplado no espelho impessoal das poças de água marinha é, ele mesmo, apenas um "reflexo

---

35. *Ibid.*, p. 118.

36. *Ibid.*

em um espelho"³⁷. O tempo autônomo da grande vida impessoal continua sendo um parêntese entre duas cenas familiares, entre a noite do passeio recusado e a manhã do passeio imposto. Os acontecimentos da ficção devem sempre ser acontecimentos da vida de personagens que, ao mesmo tempo, vivem a vida normal de indivíduos que são mães ou filhas, maridos e mulheres, filhos ou pais, donas de casa minuciosas, jovens apaixonados ou artistas solitários. O meio sensível da ficção apenas desdobra sua pureza como meio de uma intriga, transição entre seu começo e seu fim. O episódio impessoal de *Ao farol* terá, sobretudo, servido para afastar uma das tiranias, a mais insidiosa, a tirania materna que traz os brilhos do halo às virtudes familiares e aos prazeres conhecidos da vida doméstica. Liberta dessa tentação, a última parte do livro coloca em cena uma nova versão da tensão entre a democracia da grande vida impessoal e a tirania paterna da intriga. De um lado temos a artista, Lily Briscoe, que faz questão de fixar na tela a vibração nervosa, a onda da vida impessoal que atravessa a mão da artista; e do outro lado temos, rasgando as ondas reais do mar, a barca que leva o pai autoritário e seus filhos rebeldes ao farol. Pois, essa viagem é um trajeto de reconciliação que valerá ao filho rebelde a recompensa suprema, as felicitações endereçadas pelo pai a ele por dirigir a embarcação a seu destino. A reconciliação ficcional com o pai também é um compromisso da nova ficção com a necessidade da intriga, uma maneira de conciliar seu começo, seu meio e seu

---

37. *Ibid.*, p. 121.

fim. Sem dúvida, a singularidade inconciliável da sensação reafirmaria seus direitos com o gesto de Lily, traçando sobre sua tela o traço necessário para acabá-la, o traço que transcreve fielmente o abalo da "própria coisa". Mas ninguém jamais verá o traço nem o quadro. Estes só terão existido em frases narrativas. Eles só terão existido para dar a última palavra à nova ficção, para impedi-la de ser absorvida pela sedução paterna da intriga que transforma a ignorância em saber, a infelicidade em felicidade e a inimizade em reconciliação.

Não existe matéria própria da ficção, diz Virginia Woolf. Qualquer coisa pode servir de matéria para ela. Flaubert tinha dito antes dela que não havia "tema", que tudo se encontrava no ponto de vista absoluto do estilo. Mas é justamente esse absoluto que cria o problema, essa forma cujas propriedades devem ser as propriedades do próprio tecido da experiência sensível em sua verdade. O problema é sempre o mesmo: se o todo se encontra no *kath' hekaston*, isso quer dizer que o todo próprio da ficção moderna se encontra em seu fraseado. No entanto, a ficção não pode se decidir em ser apenas música; o romance não pode se reduzir a um longo poema em prosa. Ele sempre precisará de algumas organizações de ações. O arranjo mais natural de ações é, então, aquele que coloca seu problema em história, fazendo da ação a própria tensão entre as figuras antagônicas do todo. Os grandes romances de Virginia Woolf sempre são feitos da tensão entre várias maneiras de inscrever a chuva de átomos, várias maneiras de fazer com que o halo brilhe e de apreender o conflito que o opõe à lógica das organizações de ações. *O quarto de Jacob* tende a deixar a cargo da pura sucessão de momentos frequentemente trazidos à visão de um observador exterior. As três partes de *Ao farol* constroem a relação do halo com as duas figuras da tirania. *As ondas* propõem o sonho de um "fio errante, unindo ligeiramente uma coisa à outra"[38]. Mas não é algo indiferente o fato de esse sonho ser o de Bernard, o especialista dos laços, igualmente apto a começar uma conversa nos trens com os caixeiros-viajantes, para encontrar em sua agenda a frase correspondente à impressão do momento ou para dar uma história a qualquer rosto vislumbrado atrás de uma janela. Sua habilidade excepcional tem, sem dúvida, um lado oposto: ele nunca pode acabar suas frases, elas permanecem suspensas como "pedaços de fio" e, em relação a suas histórias, seu amigo Neville diz que elas podem dizer tudo, "salvo o que sentimos mais fortemente", salvo a verdade do que sentimos[39]. Logo, o romance não será feito com nenhum fio único, seja ele errante ou não. Ele será separado entre seis subjetividades, do inesgotável inventor de histórias, insensível ao halo, até a esquizofrênica que o sente tão fortemente que perde a possibilidade de ligar uma frase à outra, passando pelas sínteses sensíveis da apaixonada, amiga das luzes, ou da dona de casa, amiga dos costumes, do poeta, amigo das formas, ou do melancólico, amigo do que foi perdido. Mas esse mosaico

---

38. Virginia Woolf, *The waves* [As ondas], traduzido por Michel Cusin, in Œuvres romanesques, op. cit., t. II, p. 446.

39. *Ibid.*, p. 460.

deverá se tornar monocromia de novo no último episódio. É o fazedor de laços e de histórias que, sozinho, toma a palavra quando se trata de conduzir o relato até o fim.

Mas, sem dúvida, é o dia aparentemente tranquilo de *Mrs. Dalloway* que mostra da melhor maneira a dialética que estrutura a ficção a dividindo. Na verdade, a linha reta do tempo, que se estende entre a manhã em que Clarissa Dalloway sai para buscar as flores e a noite de sua recepção, se presta a duas operações bem diferentes: uma multiplicação e uma divisão. A primeira operação amplia o espaço das coexistências. A decisão de "ela mesma ir buscar as flores", anunciada na primeira linha, tem, na verdade, mais consequências do que deixa aparecer. Se, por um lado, Flaubert liquidava o tema da narração em um capítulo, Virginia Woolf, por outro lado, liquida em uma frase com essas manifestações da vontade que determinam, ordinariamente, o curso da ficção com as relações entre os personagens. Clarissa, a partir desse momento, não será um centro em que os acontecimentos do mundo sensível vêm se condensar. Essa era, podemos nos lembrar, a posição de Emma no centro dos círculos constituintes do universo da festa. O rastro de poeira da diligência se encontrava concentrado, com todo o universo das coexistências sensíveis, na subjetividade de Emma e liberado com ela à lógica das identidades narrativas e sociais. Exatamente o oposto acontece com o barulho de um motor a explosão e com os anéis de fumaça traçados por um avião que pontuam o passeio de Clarissa. Em vez de trazer os espetáculos da cidade para dentro de sua subjetividade, eles conservam sua autonomia de acontecimentos sensíveis, abrindo um espaço indeterminado de subjetivação. Eles permitem que a narração desloque a linha do relato em direção a uma multiplicidade de vidas anônimas que recebem, durante um tempo, um nome e a possibilidade de uma história. Os passantes que decifram as letras das propagandas escritas pelo avião são um exemplo disso: Mrs. Bletchey que vê os anéis de fumaça traçarem a palavra "Kreemo", Mrs. Coates que lê "Glaxo" ou Mr. Bowley que acha que é "Toffee". O arco prossegue com a jovem Maisie Johnson, que acabou de chegar de Edimburgo para procurar trabalho em Londres, a velha Mrs. Dempster que pensa, ao mesmo tempo, em sua vida dura e no belo sujeito que deve estar pilotando o avião e o buscador de verdade desempregado que está com sua bolsa abarrotada de brochuras nas escadarias de Saint Paul, até a forma tremulante, parecida com um hidrante enferrujado ou com uma árvore sacudida pelos ventos, cuja voz, sem idade nem sexo, murmura, na frente do metrô, um canto sem começo nem fim desprovido de qualquer sentido inteligível. Essas vidas anônimas são apenas entrevistas. Mas a distância mantida assim repudia, precisamente, a tirania que quer se apropriar dos rostos, rapidamente percebidos, inventando uma história para eles. É assim que agem o muito hábil Bernard ou a narradora de *Um romance não escrito* que lê, no rosto triste de uma passageira, uma vida inteira de culpabilidade e de humilhação antes de perceber, na chegada do trem, que a infeliz criatura abandonada era uma simples mãe sem história que um filho atencioso vinha buscar na estação. O passeio de Clarissa não produz nenhum tesouro desse tipo. Ela se abre em direção dessas vidas anônimas sem absorvê-las. Pelo contrário, é sua agenda pessoal que se perde na circulação indeterminada provocada pelo espetáculo da rua, pelos *loopings* de um avião ou pelos ecos de uma canção. Da mesma maneira, o passeio vespertino, que conduz sua antiga paixão, Peter Walsh, para o local da recepção, descobre durante o percurso o teatro semiescondido, semiaparente das histórias virtuais: "Janelas iluminadas, um piano, um fonógrafo tocando música, o sentido de um momento de prazer escondido, mas às vezes brilhante quando, através de uma janela sem cortinas, a janela deixada aberta, pode-se ver grupos sentados em volta de uma mesa, jovens perambulando lentamente, conversas entre homens e mulheres, empregadas com o olhar perdido (elas têm reflexões estranhas quando terminam o serviço), meias que secam nas beiradas das mansardas, um papagaio, algumas plantas"[40]. Essa ociosidade das empregadas é o efeito de uma revolução sensível que o viajante de volta das Índias descobre: esse horário de verão destinado por seu iniciador, William Willet, a ganhar uma hora de trabalho de manhã, mas que aparece para Peter em seu aspecto oposto: uma hora de dia e de lazer ganha a noite entre o tempo do trabalho e o tempo do sono, uma hora que permite a qualquer um gozar de novas diversões da cidade, mas também das experiências subjetivas ligadas à disposição do tempo, é essa democracia

---

40. *Mrs. Dalloway*, traduzido por Marie-Claire Pasquier, Œuvres romanesques, op. cit., t. I, p. 1214.

sensível que Peter sente "desconfiando das palavras de uma jovem, do riso de uma empregada – coisas impalpáveis em que não se poderia tocar – essa mutação em todos os níveis da pirâmide que, em sua juventude, parecia imutável"[41]. Essas janelas através das quais Peter percebe a democracia infinita da vida correspondem às janelas do palácio ou das carruagens pelas quais as elites de outrora mantinham o vulgar à distância para preservar o vasto espaço de interação de seus sentimentos refinados. A linha reta dos personagens que vão a uma recepção mundana é, contrariamente, ampliada pela grande democracia das percepções e das histórias virtuais que ladeiam o passeio e disseminam seus momentos sensíveis.

Mas esse movimento, que desvia o dia da dama da sociedade em direção à multiplicidade das histórias possíveis atrás de todas as janelas, não basta para regular a relação entre a verdade do halo luminoso e a mentira da intriga. Ele tende, apenas, a atenuá-la, a dissolver o encadeamento da intriga no dia passado na cidade. Mas essa dissolução não basta para fazer brilhar o cristal de intensidade prometido aos vigias pelos reflexos na praia. Para isso é preciso outra operação: não mais uma multiplicação, mas, inversamente, uma divisão que separa dos cursos felizes dos prazeres conhecidos e das virtudes familiares, com o risco de iniciar, de novo, a velha mecânica que transforma a felicidade em infortúnio. Essa segunda operação é atribuída a um personagem, Septimus Warren Smith, um personagem que Clarissa nunca encontra pessoalmente,

---

41. *Ibid.*, p. 1213.

apenas pelas palavras de um convidado de sua festa, e que é, no entanto, seu equivalente, seu equivalente infeliz cujo destino inverso dá à ficção aberta demais sua cerca interior. Septimus é quem rasga o feliz tecido formado pelos anéis de fumaça no céu para responder ao chamado lido pelos "vigias" nos reflexos da poça. Ele é aquele que "cortou a corda" da "vida doméstica" escutando a mensagem endereçada pelos acontecimentos sensíveis: pelas folhas tremulantes no sopro de ar, pelas andorinhas que mergulham, se separam, se jogam à direita ou à esquerda ou giram em círculos em uma ordem perfeita, pelo sol espirrando ouro claro em um momento em uma folha, em outro momento em outra, ou pelo tilintar dos sinos contra os talos de relva. Todas essas harmonias fundidas juntas lhe revelaram, na linguagem dos sinais, a nova religião: a beleza está por toda parte, e o amor também: não o amor das histórias de amor e das virtudes domésticas, mas o amor universal idêntico à vida universal. Septimus consegue diferenciar. Ele opõe, aos pequenos milagres, sentidos ao passar pela rua ou entrevistos atrás de uma janela, o grande milagre da vida do Uno universal que submerge a vida do Eu. Infelizmente, esse grande milagre tem um nome, muito bem conhecido por Virginia Woolf: chama-se loucura. Mas essa loucura não é o problema de uma biografia individual. Ela deve ganhar seu sentido na economia da nova ficção. Septimus não é apenas aquele que se afoga na poça que apresenta o rosto impessoal da visão interior. Ele também é aquele que escraviza a vida impessoal da alma a uma nova intriga pessoal: ele priva as poças e as nuvens, as folhas e os pássaros, a fumaça no ar ou os reflexos de luz de sua impessoalidade, transforma-os em sinais anunciadores da nova religião ao Eleito. E é assim que a tirania da intriga se reintroduz na ficção. O Eleito se torna a presa de outra espécie de tiranos, os médicos. Estes são, na verdade, os mestres dessa regulação harmoniosa entre o impessoal da vida e a personalidade dos indivíduos que se chama saúde mental; e é assim, bem naturalmente, que Virginia Woolf faz deles os campeões da velha poética: o dr. Holmes que interpreta o papel da Natureza humana e sir William Bradshaw, o defensor da Medida, deusa da Beleza clássica e irmã do tirano chamado Conversão.

Septimus só escapará dos tiranos se jogando pela janela. Sua morte violenta denuncia o artifício da morte entre parênteses da terna Prue Ramsay. Não basta colocar os parênteses para separar o lirismo da grande vida impessoal das histórias familiares. A separação vem da violência do impossível. O diamante só brilha na brutalidade do conflito entre loucura e normalidade. Com a loucura e o suicídio de Septimus, a tirania trágica retorna à nova ficção. Mas esse retorno também é o que estrutura a ficção, fazendo brilhar, no coração do dia tranquilo de Clarissa, o choque de uma verdade louca com as intrigas de normalidade que ordenam as relações sociais e as ficções à antiga. A mesma loucura amplia a diferença que impede o halo luminoso de se confundir com os pequenos milagres do cotidiano e submete a chuva de átomos às restrições da intriga que transforma a felicidade em infelicidade. É que a chuva de átomos e o halo luminoso não têm uma forma que lhes seja própria. A ontologia da nova ficção é monista, mas sua prática só pode ser dialética: ela só pode ser uma tensão entre o grande lirismo da Vida impessoal e as organizações da intriga, uma tensão que só escapa das modulações do compromisso ao preço de um sacrifício violento. Septimus, o louco, é uma nova encarnação de uma figura essencial à ficção moderna: o personagem que deve ser sacrificado para resolver a relação entre a verdade da chuva de átomos e a lógica mentirosa das intrigas. Flaubert inventava a solução que atribui ao personagem o peso da mentira: era Emma que convertia a dança dos átomos em história sentimental. Sua morte era a sanção dessa traição. Mas, logicamente, a própria "traição" era necessária para conciliar a dança dos átomos com a forma de uma história. Proust conciliava do mesmo jeito verdade e mentira. Era necessário matar Albertine para que o narrador se libertasse da ilusão que transforma um objeto da arte – uma mancha de cor em uma praia – em um objeto de amor a ser possuído. Já Septimus é vítima da ilusão que transforma reflexos de luz das folhas em mensagem pessoal. Ele é adicionado à lista de maus roteiristas que interpretam erroneamente os acontecimentos sensíveis e cujo erro e castigo resolvem a relação entre a lógica do halo e a da intriga.

Há, obviamente, uma causa para esse erro. Mas a causa se desdobra exemplarmente. Septimus não é apenas a vítima da violência da História, o jovem cuja saúde mental foi destruída pelo traumatismo da Primeira Guerra Mundial. Ele também é, nos diz a romancista, "um desses jovens semialfabetizados, desses autodidatas, cuja educação toda foi tirada de livros emprestados nas bibliotecas públicas e lidos à noite depois de um dia de trabalho, seguindo as recomendações de autores conhecidos, contatados por carta"[42]. Antes do trauma que perturbou o espírito do soldado, há a distância inscrita pelo nome inutilmente distinto dado a uma criança que carrega o mais comum dos sobrenomes comuns. Há a vaidade do autodidata que se cultivou por si mesmo e fugiu de seu obscuro lugarejo provinciano para buscar a glória poética na cidade grande onde uma miss Pole, que dava aulas populares sobre Shakespeare, achou ter encontrado nele um irmão de John Keats, o poeta, filho de palafreneiro, e acendeu nele "um desses fogos que se queimam uma só vez durante toda a vida"[43]. Antes mesmo de ser aquele que a guerra enlouqueceu, Septimus é uma encarnação de uma figura social bem conhecida: como Emma Bovary, mas também como essas costureiras sansimonianas cujos pais haviam, muito desenvoltamente, lhes dado como nome Reine, Victoire ou Désirée, ou como seus irmãos que morreram tentando ser poetas, ele pertence à temível espécie desses filhos e filhas do povo que preferiram uma vida prometida por algumas palavras escritas em livros que não eram feitas para eles à vida destinada por seu nascimento. É essa nova aptidão dos anônimos de viver qualquer vida que permitiu à ficção moderna romper com a

---

42. *Ibid.*, p. 1143.
43. *Ibid.*, p. 1144.

lógica hierárquica da ação e encontrar sua matéria em qualquer acontecimento insignificante. Mas também foi ela que a ficção moderna tentou recolocar em seu lugar para separar o halo luminoso da vida impessoal das aspirações pessoais dos filhos do povo semieducados. Emma Bovary tinha de ser sacrificada para separar a impessoalidade da arte e a grande igualdade da escrita das aspirações dos pequenos-burgueses ao romance, aos nobres sentimentos e a um ambiente artístico. Por sua vez, Septimus foi sacrificado para criar o abismo que impede o halo de se perder na agenda de uma dama da sociedade. Os romancistas absorveram o poder dos anônimos na respiração impessoal da frase antes de entregá-lo à tirania da intriga. A justiça poética da ficção moderna se baseia nessa injustiça primeira.

* * *

Era o que pensava indubitavelmente, alguns anos mais tarde, um jovem repórter sonhando, uma noite de verão, debaixo do alpendre da casa de pobres meeiros no Alabama. A revista *Fortune* o havia enviado para ver como essas pessoas viviam durante os tempos da Grande Depressão. James Agee, no entanto, pensava naquela noite em outra coisa: a alegria que pode nos invadir repentinamente "em qualquer cruzamento do tempo, do espaço e da consciência" graças a qualquer um entre "o número dos acasos imprevisíveis" que um raio de sol, nuvens de fumaça, a voz de um trem na noite, o cheiro de queimado de um tecido, o gosto das folhas de nabo e mil outros acontecimentos sensíveis do mesmo gênero possam oferecer[44]. É nesse halo de luz que ele pode sentir a intensidade de vida e de beleza presente em qualquer detalhe insignificante da casa dos pobres meeiros: as variações de luz que, uma após a outra, dão às tábuas das paredes o aspecto brilhante de uma superfície prateada com "sombras fortes feitas com espátulas de pintura e tinta nanquim", "todas as declinações e todos os escurecimentos da sombra", o aspecto de um osso ou as cores da ágata[45]; ou mesmo a extraordinária textura desses macacões que a idade e o uso, o sol, o suor e a lavagem transformaram em "reinos de doçura refinada, dos milagres de drapeado e dos jogos de luz aveludados", "uma declinação e uma gama de azuis sutis, deliciosos" e de um trabalho comparável apenas "à luz nebulosa que aureola alguns dias ou a alguns azuis de Cézanne"[46]. Mas essa capacidade de ver "um grande poema trágico" nas tábuas de pinho de um quarto ou "o manto de plumas de um príncipe tolteca" em um macacão mil vezes remendado pertence ao escritor, e apenas a ele. Ela tem como contrapartida a incapacidade dos próprios meeiros de verem a beleza presente em cada nó do pinho ou em cada remendo do macacão, por não poderem "ver o que quer que seja sob outros aspectos que não fossem o do uso e o da necessidade"[47]. A capacidade de ver qualquer coisa na luz do halo é um privilégio baseado em sua desapropriação.

---

44. James Agee, *Let us now praise famous men* [Elogiemos os homens ilustres], tradução francesa pela Agora Pocket, p. 225-7.

45. *Ibid.*, p. 155.

46. *Ibid.*, p. 264.

47. *Ibid.*, p. 309.

A dialética analisada aqui é, no entanto, mais complexa. Essa capacidade que separa o escritor dos meeiros lhe permite também subtraí-los de outra forma de apropriação, a do poder mediático que o enviou ali para coletar os sinais que permitem tornar suas vidas imediatamente legíveis e inteligíveis e integrá-las ao relato verossímil da necessidade social que ele oferece periodicamente ao consumo de seus leitores. Porque o jornalismo é, no século XX, a grande arte aristotélica. Ele constrói a realidade segundo um esquema de verossimilhança ou de necessidade ou, mais precisamente, um esquema que torna idênticas a verossimilhança e a necessidade. Os repórteres enviados ao encontro dos habitantes pobres dos grotões devem, assim, combinar os marcadores da realidade individual que comprovem o relato com os significantes da generalidade estatística que mostram essa realidade conforme ao que se sabe, conforme ao que ela não pode não ser. É essa identidade do verossímil e do necessário que constitui o âmago do que se chama o consenso. Mas é justamente essa combinação verossímil e necessária da realidade e de seu sentido que a ficção moderna explodiu pelo uso do "detalhe". E foi em sua escola que o repórter James Agee começou a sabotar o controle. Seu inventário minucioso de todos os artigos organizados em cada gaveta de cada um dos móveis da casa dos Gudger, seu esforço para capturar a luz e o cheiro do lampião a óleo, a textura e o perfume das tábuas de pinho e a respiração dos corpos adormecidos arruínam qualquer seleção dos traços que tornam a vida dos meeiros consumíveis para a máquina mediática. Acentuando, pelo contrário, a absoluta singularidade de sua existência e ligando-a à infinita multiplicidade desses acontecimentos "atmosféricos" que a ficção moderna mostrou presentes em todos os minutos do universo, ele os arranca do lugar que lhes era indicado na ordem consensual e os coloca de volta em um nível de humanidade compartilhada. Assim se complica a dialética da ficção moderna. Ela se apropriou da capacidade inédita das vidas anônimas para forjar seu próprio poder, o poder impessoal da escrita. Mas ela também forjou, ao mesmo tempo, um poder de ruptura da lógica consensual que mantém as vidas anônimas em seu devido lugar, um poder de dissolução das identidades, das situações e dos encadeamentos consensuais que reproduzem, em uma roupagem moderna, a velha distribuição hierárquica das formas de vida. Essa dialética talvez seja interminável.

II. A República dos poetas

O trabalho da aranha

Entre os filhos do povo tomados pelo poder das palavras e que experimentaram escrever obras literárias e de reflexões a que seu nascimento e sua educação não eram destinados, pelo menos um entrou no Panteão dos grandes poetas: John Keats. Os elementos de sua biografia são bem conhecidos: ele era filho de um palafreneiro, falecido quando o jovem John acabava de completar oito anos: apesar de não ter recebido uma impregnação humanista nas escolas das crianças bem nascidas, ele estudou em um estabelecimento aberto às ideias modernas, antes de ser colocado, com a morte de sua mãe, como aprendiz em um boticário: o filho do seu chefe o introduziu em um círculo de artistas e de pensadores liberais que apoiavam a causa dos homens do povo na luta por seus direitos políticos desrespeitados. E foi esse círculo que lhe permitiu se lançar na carreira poética. É claro, no entanto, que esse trajeto social não bastou para definir a política de uma poesia. E sobre a política de John Keats, dois julgamentos dividem o terreno. Um constata que se as simpatias do indivíduo Keats são claramente voltadas para a causa radical, não se encontra em seus poemas nem a reivindicação de

Wordsworth da dignidade dos seres e das coisas mais humildes, nem os chamados à rebelião contra a ordem social próprios a Shelley ou Byron, mas um sonho de beleza atemporal que se declara autossuficiente. O outro diz que ele está ainda mais isolado na pureza do poema cujo contexto é ignorado. Mas o célebre poema *Ode ao outono* foi escrito em setembro de 1819. No mês anterior, Manchester conheceu a selvagem repressão da manifestação pela reforma eleitoral conhecida como o Massacre de Peterloo. E basta se ler a edição de setembro de *The Examiner*, o jornal dos amigos de Keats, para ver estabelecida, pela mediação de um poema de Spencer, uma clara assimilação entre a abundância das colheitas e a justa repartição dos produtos do trabalho simbolizada pelo signo da balança[1]. No entanto, pode-se responder a isso dizendo que, mesmo que essas preocupações tenham habitado o espírito de Keats, foi outra a balança que definiu a "justiça" do poema: uma balança paradoxal que iguala a estação das névoas à das frutas, e a atividade benéfica do outono à indolência de uma divindade despreocupadamente sentada perto de um celeiro ou cochilando por causa dos vapores de papoula em uma trilha ceifada pela metade.

A estação das frutas não simboliza, então, o engajamento do poema a serviço do trabalho criador de riqueza e de justiça. Mas, contrariamente, o descanso tranquilo da deusa não significa a consagração de um ideal de beleza clássica e serena,

---

1. Cf. Nicholas Roe, "Keats's Commonwealth", in *Keats and History* [Keats e a história], Cambridge University Press, 1995, p. 194-211 e *Keats and the Culture of Dissent* [Keats e a cultura da dissensão], Clarendon Presses, 1997, p. 257-67.

despreocupado em relação às turbulências políticas e sociais. O que cria o poema, mas não seu sentido, é a própria relação entre a névoa e a fecundidade, o sono e a atividade criadora. Essa identidade dos contrários define a relação do poema com seu tema e a relação desse tema com tudo o que for possível ser associado a ele – a fuga do tempo ou a fecundidade atemporal da natureza, os sonhos da era de ouro e as imagens das paisagens mitológicas ou a realidade do trabalho dos homens. Ela o define porque ela mesma define o poema como certo entrelaçamento do material com o imaterial, da passividade com a atividade. O que esse entrelaçamento determina, então, não é a relação do poeta *com* a política, nem a presença da política *no* poema. É a própria política *da* poesia, a maneira pela qual ela configura o espaço em que se inscrevem suas produções. Ela faz isso instituindo uma comunidade tripla. Em primeiro lugar, a comunidade entre os elementos que são tecidos pelos poemas: as palavras e as presenças que elas suscitam – perfumes de flores do campo ou palácios construídos nas nuvens, cantos de pássaros familiares ou páginas de manuais de mitologia; são as figuras, as histórias que as agrupam, os universos que elas desdobram ou os ritmos que acompanham suas aparições e desaparições. Em segundo lugar, a comunidade entre os poemas e outros poemas: os que o poeta escreve e os que ele não escreveu: os que continuarão a ser visões de seu espírito – devaneios da preguiça ou sonhos da noite; os que outros escreveram e dos quais ele se alimenta, como outros farão com os dele; finalmente, os que a nova sensibilidade da era das revoluções já vê presentes em todas as manifestações da vida. Um dos mestres de John Keats, William Hazlitt, o chamou para introduzir suas aulas públicas sobre os Poetas ingleses: a poesia existe antes das palavras; ela existe como capacidade dos seres humanos de sentirem a poesia já manifestada pelo movimento de uma onda ou pelo desabrochar de uma flor. Ela está presente desde as brincadeiras infantis, desde o olhar dos camponeses observando o arco-íris ou desde o do aprendiz observando as paradas municipais[2]. E com isso instituiu-se a terceira forma de comunidade: aquela que o modo de comunicação sensível próprio ao poema projeta como possível relação entre os humanos. A política do poema pode, então, se definir como a configuração de um *sensorium* específico que mantém juntas essas três comunidades.

Na verdade, poucos poetas tiveram, tanto quanto Keats, o sentimento de que era esse entrelaçamento que consistia a atividade poética. Mas nenhum, sem dúvida, agregou tão radicalmente essa vocação comunitária ao devaneio solitário e próximo desse ato de pura inatividade. Como testemunho disso temos a extraordinária carta de 19 de fevereiro de 1818 a John Reynolds em que a poesia – longe de qualquer devaneio da arte pela arte – é definida como uma maneira de viver, de pensar, de agir, de se comunicar e, finalmente, de fazer uma comunhão. Conhecemos o início abrupto: "Eu tenho em mente que um homem poderia passar uma vida bem

---

2. William Hazlitt, *Lectures on the English Poets* [Conferências sobre os poetas ingleses], in *The Selected Writings of William Hazlitt* [Escritos escolhidos de William Hazlitt], editado por Duncan Wu, Pickering and Chatoo, 1998, vol. II, p. 166.

agradável da seguinte maneira: lendo certo dia certa página de pura poesia ou de prosa destilada, e que ele saia errando com ela, que ele vagueie com ela, que ele reflita a partir dela, que ele dê vida a ela, que ele se entregue a sua exegese e que ele sonhe com ela até que ela se torne insípida – Mas quando ela se tornará insípida? Jamais"[3]. A poesia, em primeiro lugar, não é uma maneira de escrever, mas uma maneira de ler e de transformar o que se leu em maneira de viver, de fazer disso o suporte de uma multiplicidade de atividades: errar e vaguear, refletir, fazer a exegese, sonhar. É verdade que a própria palavra atividade se presta à discussão. O sonho parece ser mais um estado do que um ato; e a errância e a atuação, apesar de colocarem o corpo e o espírito em movimento, não têm o que caracteriza classicamente a ação, ou seja, a busca de um objetivo cujo meio é esse movimento. Da leitura que dá o impulso até o sonho aéreo em que a cadeia das metamorfoses se completa – ou, melhor dizendo, continua buscando infinitamente – a série das ações parece sofrer a interferência de seu contrário, a passividade. A frase seguinte confirma isso em um tocante oximoro: a "viagem do pensamento" é a obra de uma "indolência diligente" que imaginará a seguinte série: o descanso em um sofá, a sesta sobre trevos, o balbuciado infantil, a conversa, a viagem que transporta através das asas da música, como Ariel, o espírito para todos os lugares, e fazendo, como Puck, a volta em torno do mundo em quarenta minutos.

---

3. Carta a J. H. Reynolds, 19 de fevereiro de 1818, in John Keats, *Lettres*, traduzidas por Robert Davreu, Belin, 1993, p. 102.

Mas o oxímoro pode ser lido em dois sentidos. A indolência poética é assimilada ao trabalho de um inseto cuja atividade industriosa também é um modelo de composição artística. É imitando a aranha, que se apoia na extremidade das folhas ou nos galhos, que o poeta pode, a partir de quase nada, tecer sua tapeçaria celeste. Pois não basta dizer como Hazlitt que a poesia se encontra por todos os lados onde os homens buscam um sonho, seja ele mesmo o sonho com o dinheiro do avarento ou o sonho com a glória do príncipe[4]. É como um tecido comum, constantemente tecido de novo a partir de tal ou tal pedaço, que a poesia pode pertencer a todos. É preciso, então, a diligência das aranhas sonhadoras, de aranhas cujo trabalho é liberto de sua função utilitária, ou seja, de sua função predadora.

Essa confusão entre o trabalho e o descanso, entre a atividade finalizada e o devaneio sem destino, é o testemunho da grande reviravolta das condições e dos pensamentos produzida pela era revolucionária. Esta traz, na verdade, duas lições exatamente contraditórias: uma é que o primeiro plebeu que aparecer pode, graças a sua inteligência e a sua vontade, se tornar o mestre da Europa; a outra é que se o primeiro plebeu que aparecer renunciar à pretensão de impor isso aos outros através de sua vontade, poderá entrar em um diálogo com os deuses e seus poetas. Há uma virtude subversiva no fato de não agir, ou melhor dizendo, de tornar a ação inativa e a inação ativa. Para pensar essa equivalência dos contrá-

---

4. William Hazlitt, *Lectures on the English Poets*, op. cit., p. 166.

rios, o poeta forjou outro oximoro, o de *negative capability*: não uma capacidade negadora, mas uma "capacidade de não": não buscar a razão, mas também: não concluir, não decidir, não impor[5]. Como o outono que deixa sua foice descansar, o poeta deve evitar "qualquer desígnio tangível sobre nós (*any palpable design on us*)"[6].

Recusar o procedimento que quer se apoderar do espírito alheio, tal como o inseto de sua presa, é o princípio dessa nova relação com as coisas da poesia e da arte que se chama estética. Schiller abruptamente formulou: "Nada é mais hostil ao conceito de beleza que a vontade de dar ao espírito uma tendência determinada[7]". A grandeza da arte grega, para ele, é a de um povo livre, de um povo cuja suprema atividade é o jogo, o qual é seu próprio fim. Foi por isso, acrescenta ele, que os gregos esculpiram esses deuses cujo rosto não exprime nenhuma vontade ou preocupação de atingir um fim. Essa recusa de qualquer tendência determinada não tem nada a ver com um amor apolítico pela beleza pura. Ela funda, pelo contrário, uma nova "arte da vida", uma educação de cada um e de todos. O que a beleza exige e alimenta, em troca, é a formação de uma capacidade sensível desvinculada dos meios e dos fins da vontade. E essa capacidade suspensiva perturba a

---

5. Carta a seus irmãos, 21 de dezembro de 1817, in John Keats, *Lettres*, op. cit.

6. "Nós detestamos a poesia que tem, sobre nós, desígnios tangíveis e que, se não aprovamos, parece enfiar suas mãos nos bolsos das calças", carta a J. H. Reynolds, 3 de fevereiro de 1818, *ibid.*, p. 98. Wordsworth é quem é visado aqui.

7. Friedrich Schiller, *Cartas sobre a educação estética do homem*, tradução francesa de Robert Leroux, Paris, Aubier, 1943, p. 277.

distribuição tradicional dos corpos em comunidade: ela não detém apenas a mão que prende, o gesto que ordena e o cérebro que impõe a vontade dos poderosos. É ela que anula a hierarquia dos fins que, durante a Antiguidade, dividia o mundo em dois: havia os que não podiam ter outro fim que a reprodução cotidiana de sua existência e havia os que, estando preservados dessa obrigação vital, podiam conceber fins mais amplos, inventar os meios para isso e se arriscar. Estes, pelas mesmas razões, também podiam não fazer nada ou se entregar a atividades que eram seu próprio fim. E é nisso que consistia o bem supremo. Porque é esse privilégio dos eleitos que a capacidade estética coloca à disposição de todos: o Hércules inativo de Winckelmann, o devaneio ou o *farniente* do caminhante solitário de Rousseau, a "finalidade sem fim" de Kant, a pulsão de jogo de Schiller, designam uma inédita "capacidade de não fazer nada" que anula essa diferença sensível entre duas humanidades. Keats leu muito pouco os alemães e não tem grande simpatia por Rousseau. No entanto, seu Endymion, sonhador visitado pela lua, se encontra realmente na linha dos deuses inativos celebrados por Winckelmann ou Schiller. Mas, também, a "capacidade negativa" radicaliza a suspensão estética, colocando a identidade do pessoal e do impessoal no próprio âmago do ato poético.

  Está certamente entendido, desde Vico, que é o povo grego criança que fala nos versos de Homero; desde Winckelmann, que é a liberdade grega que se encarna nas ondulações do *Torso* e, desde Schiller, que é a saúde do povo jovial que se exprime no rosto sereno da Juno Ludovisi. Mas é na imagem do rapsodo declamando diante do povo ou do escultor extraindo do bloco de mármore a imagem dos deuses da cidade que se encarnava essa relação ideal entre o ato individual e a coletividade. Keats permanece longe dessas imagens de encarnação. Ele conheceu os gregos por meio de suas leituras autodidatas, das traduções e das transposições da era elisabetana. Logo, ele não se interessa pela relação de Homero ou de Fídias com a cidade grega, mas pela disponibilidade das obras, pela possibilidade, para cada um, de integrá-las a uma cadeia de equivalências livremente tecidas entre as horas do devaneio e as páginas de uma tradução antiga, entre os versos dos grandes poetas e os contos fabulosos, entre a corrida das nuvens ou o canto de um melro e as evocações de terras ou de tempos longínquos. É dessa maneira que o pessoal e o impessoal se encontram. Eles fazem isso no devaneio do leitor que faz com que aconteça, a qualquer trecho de "nobre poesia", a série infinita das transformações que elevará ele mesmo à conquista dos "trinta e dois palácios"; eles também fazem isso na teia de aranha que esse próprio leitor/poeta pode tecer em benefício de todos, partindo de um pequeno número de pontos de contato: algumas sensações singulares, parecidas, talvez, com o frêmito da água sob um junco, com os barcos de penas e de gravetos que a criança nela faz navegar ou com as formas bizarras das nuvens que nela se refletem[8]. Tecer a

---

8. "Endymion", Canto I, 880-7, in John Keats, *Poèmes* [Poemas], tradução de Robert Ellrodt, Imprimerie Nationale, 2000, p. 159-61.

teia não é entrelaçar as sensações em um bordado próprio para atrair o leitor, é fazer delas os pontos de partida, propensas a criarem círculos multiplicados em que são despertados, para alguns leitores ou sonhadores, os nomes, as lendas e magias esquecidas, as árias antigas enterradas nos túmulos ou os espectros de profecias melodiosas delirando "por todo o lugar em que Apolo colocou os pés"[9]. Em vez do livre jogo de Schiller diante da aparência livre, o desinteresse poético é obra de uma imaginação que, incessantemente, toma e dá ao tecido comum.

Mas essa relação entre o pessoal e o impessoal pode ser assegurada apenas se a tecelagem poética se mantém ela própria na linha de equivalência entre o ativo e o inativo. O entrelaçamento das palavras, das imagens e dos ritmos na página só escapa à vaidade do autor e ao despotismo dos *"palpable designs"* se ele guardar sua comunhão com a fantasia que se dissipa com o devaneio de uma tarde de outono ou o sonho de uma noite de verão. Esse devaneio não incorre na condenação que, em *A queda de Hipérion*, opõe os sonhadores aos poetas[10]. Porque aqueles que a deusa chama de "sonhadores" não são os indolentes em busca dos trinta e dois palácios. São, pelo contrário, os que querem afirmar seu sonho, fazer dele um *"palpable design"* a ser imposto aos outros. O que caracteriza os poetas é uma dupla recusa: a de fazer do poema uma marca de sua identidade e a de dar a seu sonho um caráter de afir-

---

9. *Ibid.*, 788-790, p. 153.
10. "The fall of Hyperion" [A queda de Hyperion], Canto I, 199-202, *ibid.*, p. 453.

mação. O poema apenas pode ser poema se for "de ninguém". Mas ele só é "de ninguém" se seu ato for imperceptivelmente distinto da inação, se a diligência do trabalho dos versos compartilhar a mesma idealidade sensível que a indolência do devaneio. Essa idealidade sensível assume uma multiplicidade de nomes – visões, formas, imagens, sombras ou fantasmas – que evocam os diferentes modos de materialidade. Se a sombra é privada da certeza perceptiva que afirma a forma, seu poder de evocação de histórias e de mundos desaparecidos pode, muito melhor do que ela, alimentar o trabalho da teia. E a fertilidade do outono assim como a "*joy for ever*" construída pelo trabalho da aranha são irmãs da passividade que ouve sem identificar o canto do rouxinol. A *Ode* à *indolência* até manda a poesia desaparecer nas nuvens, com esses outros fantasmas que são o amor e a ambição, porque ela não lhe oferece alegria "tão doce quanto meios-dias sonolentos / Ou quanto noites misturadas ao mel da indolência"[11]. Acontece com a poesia de Keats o mesmo que com o poder de Platão: apenas são aptos a exercê-los os que conhecem um bem superior a esse exercício. Muitos outros, depois dele, proclamarão a impessoalidade da obra. Mas será para opor, como Flaubert, sua solidez oferecida a todos, à circulação interior do sentimento. A singularidade de Keats é a de afirmar que a própria "cidadela interior" é igualmente impessoal e pessoal: esticada entre o imemorial das lendas, o grande tecido "passivo" dos poemas já escritos, a perda de consciência do sono e a vida inconsciente do sonho.

---

11. "Ode on indolence" [Ode à indolência], in John Keats, *Poèmes*, p. 385.

Ele também se lembra de ter pensado essa tensão como uma forma específica de igualdade: a igualdade da teia que se estende infinitamente sem conhecer um lado de cima ou um lado de baixo, um verso ou um reverso. Essa igualdade se opõe claramente a uma outra: a que reconhecia em cada flor insignificante um tema digno da poesia e em cada camponês, mascate ou mendigo o portador de uma centelha divina. E é esta última que faz a trama de *A excursão*, esse longo poema de Wordsworth que o jovem Keats considerava ainda no rol das alegrias oferecidas por aquela época. No último canto do poema, o "sábio" mostrava ao "solitário", nostálgico das promessas revolucionárias frustradas, e aflito com o espetáculo persistente da miséria popular, outra promessa presente nas manifestações de igualdade que oferece por todos os lados o universo visível:

> Em todo o universo sensível
> Não há objeto tão sublime ou tão belo
> Que não seja oferecido à visão
> Sem véu nem reserva [...]
>
> A fumaça sobe em direção ao céu
> Tão leve da chaminé do casebre
> Quanto do palácio mais altivo. Quem medita em sua alma
> Essa igualdade verdadeira, pode andar
> Pelas pradarias terrestres, com gratidão e esperança[12].

---

12. William Wordsworth, *The Excursion* [A excursão], 1847, livro IX, p. 322-4 (versos 214-7, 245-9).

Sol que desce para iluminar os grandes e os humildes, fumaça que sobe, de maneira semelhante, do casebre e do palácio, essa igualdade é, desde o início, verticalizada. Se o poeta errante se desloca é para encontrá-la parecida por todos os lados, oferecida a todos pela divindade que delegou a cada forma de ser um "princípio ativo"[13]. A igualdade é dada por cima, e o poema termina em um programa de educação do povo que sobe, como uma oração ao céu, ao "ouvido paterno do Estado"[14].

Essa igualdade, sem dúvida, são as conferências de Hazlitt que, antes mesmo de Wordsworth se aliar oficialmente ao campo *tory*, levaram Keats a ver seu reverso: a grande igualdade de todas as coisas e de todos os seres proclamada pelos *lakistas*[15] deixa subsistir no mundo uma única superioridade, a dos poetas que a proclamaram[16]. As cartas a Reynolds de fevereiro de 1818 são manifestamente escritas sob o choque dessa revelação. Elas chegam a uma conclusão radical. A igualdade deve ser pensada como integralmente horizontal. A indolência ou a passividade do sonhador deitado em um sofá ou sobre o trevo participa dessa mudança. Ela se opõe ao processo do caminhante que desloca com ele o "princípio

---

13. *Ibid.*, p. 315 (verso 3).

14. *Ibid.*, p. 326 (versos 326-7).

15. Escola poética inglesa de fundo romântico surgida no início do século XIX, que buscava inspiração nos temas da natureza. Dentre os chamados *lake poets* [poetas do lago], destacam-se William Wordsworth, Samuel Taylor Coleridge e Robert Southey. (N. E.)

16. William Hazlitt, *Lectures on the English Poets*, in *The Selected Writings of William Hazlitt*, vol. II, p. 316 e "Observations on Mr. Wordsworth's poem *The Excursion*" [Observações sobre o poema 'A excursão' de Wordsworth], *The Round Table* [A mesa redonda] in *The Selected Writings*, vol. II, p. 112-20.

ativo" que outorga a igualdade aos passantes como os soberanos outorgam títulos a seu povo. A sombra do caminhante de Wordsworth plana sobre a viagem escocesa de Keats durante o verão de 1818 e explica sua constante ironia: nenhum vagabundo ou mascate com pensamentos sublimes cruzou com ele nas estradas dos Highlands, mas ele cruzou com a chuva, a lama, o pão de aveia, a aspereza do uísque e a fumaça sufocante nas cabanas dos pastores. E, na verdade, como nos encontros com mascates filósofos, são os poetas, que passeiam com suas mochilas, que foram tomados como vendedores de óculos, de barbeadores ou de lingerie[17]. A viagem da igualdade não é feita nas estradas do interior. Ela é feita se deitando em um estado de indistinção, entre atividade e passividade, percepções e evocações, vigília e sono, pessoalidade e impessoalidade, vida e morte. Ela não encontra nenhuma presença da divindade criadora nas modestas pétalas da quelidônia ou na sabedoria de um mascate gasto pelos anos e pelo fardo. Ela participa da igualdade divina quando permite que as visões sigam livremente seus percursos de sombras entre devaneio, urna ou poema e deixa o canto do rouxinol na noite obscura de maio se unir ao canto ouvido outrora por Ruth no campo de Booz ou ao que tantas vezes enfeitiçou algumas encruzilhadas mágicas em terras lendárias perdidas[18]. A igualdade

---

17. John Keats, carta a Mrs. James Wylie, 6 de agosto de 1818, *Lettres*, op. cit., p. 197.

18. "Esse mesmo canto, talvez, encontrou o caminho / Do coração triste de Ruth sonhando com sua pátria / Aos prantos entre os trigos de um campo estrangeiro; / Esse canto que muitas vezes encantou / Mágicas encruzilhadas abertas sobre a espuma / De mares fatais, no país perdido das fadas", "Ode to a nightingale" [Ode a um rouxinol], op. cit., *Poèmes*, p. 377.

cristã, celebrada por Wordsworth, faz de cada indivíduo uma imagem da divindade. O "paganismo" de Keats recusa essas encarnações e liberta as sensações de qualquer identificação pessoal para devolvê-las a seu estado de sombras sucessivas, de vozes que vão de sebe em sebe como o gafanhoto ou que percorrem cada época e atravessam as fronteiras entre o real e a lenda como o rouxinol. É também por isso que, na contracorrente do que parecia ser o grande progresso da era romântica, Keats restaura esses personagens e essas cenas mitológicas às quais Chateaubriand acusava de diminuir a natureza e da qual a poesia de Wordsworth e de Coleridge havia libertado os campos e os bosques. Remitologizar a natureza é livrá-la, em troca, dessa dependência de cada sensação em relação a seu tema e de cada criatura em relação a seu criador que transforma a poesia em desfile egotista e em sermão. A esse destino "sentimental" da poesia moderna, Schiller tinha colocado em oposição a poesia "ingênua" dos antigos. A poesia ingênua não era a que fazia a verdade sair da boca dos camponeses, mascates ou mendigos, mas a de uma natureza que não se separa da cultura, uma natureza em que os bosques se prestam a acolher a conversa dos filósofos e os louros que coroam a cabeça dos atletas e dos poetas. O poema na página pertence a todos a esse preço, a sensação, que ele faz nascer no sonhador deitado no sofá ou sobre o trevo, ressuscita um passado, profetiza um futuro ou serve de ponto de partida a uma teia de sensações, de sombras que aparecem e desaparecem e de melodias ouvidas e não ouvidas que são, ao mesmo tempo, o jardim privado da indolência e o presente oferecido a quem quiser pela aranha diligente. Podemos encontrar por todos os lados, diz o poeta cristão, o princípio ativo que liga cada coisa a seu criador celeste. Podemos encontrar por todos os lados, contesta o poeta pagão, o fragmento de vida inativa e impessoal que conduz aos trinta e dois palácios da imaginação e se liga, cada vez mais, também interminavelmente, à vida do todo.

Na época em que o jovem poeta inglês elabora seu programa poético, um professor francês exilado na Bélgica por causa do retorno dos Bourbon, Joseph Jacotot, elabora os loucos pensamentos que, dez anos mais tarde, provocarão o pânico no mundo intelectual: tudo está em tudo e todas as inteligências são iguais. Podemos encontrar, em qualquer frase escrita em um papel, o ponto de partida que permitirá ao ignorante entrar no reino da escrita e iniciar um aprendizado sem fim. Isso pode acontecer na primeira frase de *As aventuras de Telêmaco* de Fénelon: "Calipso não se consolava com a partida de Ulisses". Isso pode acontecer em um fragmento de uma oração ou de um calendário. O essencial é colocá-lo em prática, comportar-se como um pesquisador, atento a todo sinal que a mão traçou ou a toda palavra a seu redor, e como um artista, aplicado em dispor, por sua vez, os sinais próprios para falar com outra inteligência: método "panecástico", diz ele, maneira de reconhecer em *cada* manifestação da inteligência a *totalidade* de seus poderes; maneira também de instaurar uma igualdade que não tem nada a ver com aquela que as leis ou os Estados podem decretar. Essa igualdade só existe, na verdade, se ela sempre for ativa, estendida entre uma palavra e a seguinte, entre uma voz e outra voz, entre um ser inteligente e outro ser inteligente[19]. Quando a voz do exilado de Louvain começar a se fazer ouvir, o corpo do jovem poeta já estará enterrado em um cemitério protestante de Roma há muito tempo, e seus escritos nunca se cruzarão. No entanto, alguma coisa se afirma comumente, alguma coisa que não pertence a tal ou tal indivíduo, mas à reflexão do tempo, à constatação final da grande reviravolta revolucionária que obriga a restauração triunfante: uma ideia da igualdade que é, inicialmente, a dos fragmentos, das sensações ou dos sinais, igualmente animados pelo poder do todo; uma prática da teia traçada, passo a passo, para estender ao infinito o poder de uma organização singular dessas sensações ou desses sinais; uma fé na capacidade presente em todos os homens de tecer por si próprios tal teia, se apoiando nas pontas de todas as folhas que uma infinidade de outros puseram a sua disposição; uma visão da comunidade que se esboça assim: uma comunidade de homens gozando de uma igualdade sensível sentida na singularidade dos encontros e das comunicações e não na universalidade das leis. Todas as inteligências são iguais, diz Jacotot. A afirmação da carta a Reynolds ecoa isso: quase todo homem pode ser a aranha que tece sua própria cidadela aérea, ou a falsa pergunta feita no começo de *A queda de Hipérion*: "Qual ser

---

19. Cf. Jacques Rancière, *Le maître ignorant, cinq leçons sur l'émancipation intellectuelle*, Paris, Fayard, 1987. (N. E.)

vivo poderia dizer: / 'Tu não és um poeta, tu não podes contar teus sonhos'?"[20]. Os homens são animais políticos porque eles são animais poéticos, e é se dedicando a verificar, cada um por si próprio, essa capacidade poética compartilhada que eles podem instaurar entre eles uma comunidade de iguais. A carta a Reynolds toma, assim, no sentido oposto, o clássico argumento do bom senso: como indivíduos deixados livres para tecer como quiserem sua teia em qualquer sentido conseguirão tecê-la sem esticá-la desordenadamente? Como "algum gosto em comum, algum companheirismo" pode existir entre eles? A esse bom senso, o poeta responde que é justamente na encruzilhada dessa multiplicidade de trajetos individuais, de entrelaçamentos singulares da riqueza comum, que um novo senso comum pode ser elaborado. Esse laço entre uma faculdade de sentir e uma faculdade de comunicar, própria à humanidade como tal, já ocupa há algumas décadas os espíritos. Grande leitor de Rousseau, Kant se esforçou em redefinir as "humanidades" próprias ao gozo das Belas-Artes: "Humanidade significa, por um lado, o sentimento universal da simpatia; por outro lado, a faculdade de poder se comunicar de maneira íntima e universal[21]"; e ele via, nessa faculdade de compartilhamento universal do íntimo, o princípio de uma aproximação entre as maneiras sensíveis das classes cultas e as das classes incultas, preparando uma nova sociabilidade.

---

20. "La chute d'Hypérion", *Poèmes*, p. 441.

21. Kant, *Crítica da faculdade de julgar*, tradução francesa de A. Philonenko, Paris, Vrin, 1979, p. 177.

Schiller tirou daí a ideia de uma educação estética que responde à busca de uma nova humanidade imposta pela era revolucionária. E é exatamente na democracia estética que desembocam, para Keats, os trajetos individuais dos animais poéticos: "Os espíritos inutilmente se deixam para tomar direções opostas, seus caminhos se cruzam em inúmeros pontos, e eles se congratulam, finalmente, ao término das suas excursões. Um velho e uma criança conversariam e o velho seria colocado em seu caminho enquanto a criança continuaria a meditar. O homem não deveria nem discutir nem afirmar, mas murmurar para seu vizinho os resultados, e como cada germe do espírito sugaria a seiva de um húmus celeste, cada ser humano poderia se elevar e a Humanidade, em vez de ser uma charneca selvagem de espinheiros e de tojos, com um carvalho ou um pinheiro isolado plantado por aqui ou por ali, se tornaria uma democracia esplêndida de árvores florestais"[22]. É ainda tomando como referência Wordsworth que se deve pensar no encontro do velho com a criança. O velho, aqui, não testemunha nem moralisa. Ele tem apenas seu caminho confirmado. A criança não é nem socorrida nem educada, ela é deixada em seu pensamento, nesse estado de pensamento que é uma recusa de conclusão e que a literatura, na época de Hugo e de Flaubert, afirmará como seu poder supremo. Não concluir, não afirmar, mas "murmurar", como faz o vento com as folhas, essas folhas entre as quais a teia da aranha é tecida, é esse, afirma o poeta, o modo de

---

22. Carta a Reynolds de 19 de fevereiro de 1818, *Lettres*, op. cit., p. 103.

comunicação próprio à formação de uma democracia sensível efetiva. A metáfora vegetal é, evidentemente, sobredeterminada. Árvores e folhas estão, na verdade, no âmago da retórica desigual. Primeiro, as folhas: sabemos, desde Leibniz, que não existe, apesar das aparências, duas iguais. E essa diferença, inscrita na própria vida da natureza vegetal, serve e basta como argumento a todos os que denunciam a funesta utopia que quer tornar iguais esses seres infinitamente mais complexos que são os humanos. Mas o argumento é capcioso. Porque quem realmente é o encarregado de comparar as folhas? A verdadeira pergunta é: o que as coloca em comunidade? Nesse caso, mesmo o escritor que odeia a igualdade e a fraternidade pode se encontrar democrata em sua prática. Assim, nessa carta a Louise Colet em que Flaubert se declara "aristocrata convicto" ele completa sua demonstração da seguinte maneira: "Estou seguro, além do mais, de que os homens não são irmãos uns dos outros, assim como as folhas dos bosques não são semelhantes. Elas se agitam juntas, apenas isso"[23]. Mas é esse "apenas isso" que diz tudo: essa "agitação comum" que se comunica de folha em folha e que se comunicará ao leitor de Flaubert, porque o romancista, que ignora a sua origem, o comunicou a seu personagem da pequena burguesia provinciana. Do mesmo modo, a igualdade das folhas em Keats é a igualdade do sopro que se comunica

---

23. Carta de Gustave Flaubert a Louise Colet, 26-7 de maio de 1853, *Correspondance*, Gallimard, Bibliothèque de la Pléiade, 1980, vol. II, p. 335.

de algumas folhas a outras, e de teias que são tecidas entre todas as suas pontas.

Em relação às árvores, sabemos que os grandes carvalhos se tornaram, desde Burke, o próprio símbolo desse mundo harmonioso destruído pela loucura revolucionária: uma comunidade concebida como um grande parque em que os poderes superiores estendem sua sombra protetora sobre as pessoas simples. Todo o século seguinte lamentará o tempo todo o fato de a sociedade, tendo desenraizado esses carvalhos soberanos, ter se tornado uma savana democrática de árvores raquíticas que se sufocam entre si e sufocam qualquer grandeza – tanto a da glória dos povos como a da arte cujo desenvolvimento pede amplas perspectivas oferecidas pelas paisagens organizadas em torno das grandes árvores tutelares. Pois nisso, Keats também vai, brutalmente, de encontro à opinião comum: debaixo dos carvalhos isolados da majestade aristocrática, só há espinheiros e tojos. É pelo trabalho de cada semente de espírito, que suga a seiva de um húmus celeste, que pode se elevar, em vez de charnecas isoladas, uma floresta ainda desconhecida de árvores democráticas. Isso também quer dizer que ele desloca a grande ideia romântica da poesia como o florescimento da vida de um povo. É inútil querer encarnar o cortejo das figuras da urna grega, sonhar de novo com a poesia sendo uma festa religiosa ou cívica, manifestação pública de uma vida orgânica do povo. Os participantes da cerimônia foram embora, a cidade está vazia. Restam o círculo das figuras ideais em torno da urna e a indolência que se alimenta de sua presença/ausência e que alimenta o ritmo poético que é hoje sua única atualidade. A poesia não é o florescimento de nenhum povo, ela é o intercâmbio incessante entre a inação do sonhador, o trabalho do inseto e a oferenda da flor pelos quais se tece, talvez, a teia de um povo futuro, um povo de poetas tal como sonhará o pensador da emancipação: uma comunidade inédita de indivíduos buscando os meios de se encontrar, através da floresta dos sinais e das formas, uma comunidade constituída ao sabor de trajetos e encontros múltiplos sob o signo da igualdade.

O gosto infinito pela República

Durante o verão de 1851, aparecia o vigésimo fascículo da edição de *Chants et chansons* [Cantos e canções] de Pierre Dupont. Esse fascículo contém a nota consagrada ao autor assinada por Charles Baudelaire. Este não se contenta em fazer um elogio polido a um colega e amigo. Ele faz de sua nota um manifesto poético e político contra o "voluptuosismo" romântico e a "pueril" e "estéril" utopia da arte pela arte. A poesia de Pierre Dupont não é apenas, para ele, a expressão dolorosa da "multiplicidade doentia que respira a poeira das oficinas" e que "dorme nos antros". Ao incluir o "longo olhar carregado de tristeza" que essa multiplicidade traz "no sol e na sombra dos grandes parques", ela exprime bem mais profundamente o "gênio da humanidade" e os "princípios superiores da vida universal". O segredo da poesia de Pierre Dupont não se encontra em uma habilidade de ofício. Ele se encontra "no amor pela virtude e pela humanidade, e no algo a mais que exala, sem cessar, de sua poesia, que eu chamaria espontaneamente de gosto infinito pela República"[24]. Podemos, sem dúvida, afirmar que essas hipérboles humanitárias ao estilo da segunda República são um parêntese na vida de um poeta para quem as barricadas de 1848 serviram, primeiramente, de ato liberatório para os furores familiares e que não deixou, em seguida, de ironizar a religião do progresso e o enternecimento sobre as misérias do povo. Mas devemos sublinhar mais ainda o fato de esse parêntese revolucionário permanecer o único momento em que o poeta se vê politicamente engajado e que, no meio dessa "abjuração perpétua" à qual todo "sistema" condena, segundo ele, os que se prendem nele[25], ele se mostra indefectivelmente fiel a certas amizades ou predileções em relação aos teóricos e aos artistas, inegavelmente marcados pela poesia republicana, pela crítica social ou pela religião humanitária: David, Barbier, Dupont, Proudhon, Leroux ou Chenavard. É que a vontade dogmática de estabelecer o critério do belo ainda permanece atrasada em relação ao "homem universal" e ao "belo multiforme e multicor que se move nas espirais infinitas da vida[26]". O "gosto infinito pela República" não é um interesse político de circunstância ao qual o poeta esteta teria, em seguida, oposto

---

24. "Pierre Dupont", in Charles Baudelaire, Œuvres complètes, texto estabelecido, apresentado e anotado por Claude Pichois, Gallimard, Bibliothèque de la Pléiade, 1976, t. II, p. 34.

25. Charles Baudelaire, "Exposition Universelle 1855. Beaux-Arts" [Exposição Universal 1855. Belas-artes], ibid., t. II, p. 577.

26. Ibid., p. 578.

a aristocracia da arte pela arte. É uma categoria da própria estética, uma política estética, e o novo discípulo de Joseph de Maistre recorre a ela sem problemas quando lhe é necessário, em plena reação imperial, explicar a arte dos pintores. A "vida universal" e o "gênio da humanidade" dão corpo ao relatório que o poeta faz sobre o *Salão de 1859* e as reflexões que ele extrai disso sobre a essência da arte moderna. E essas noções estabelecem um singular traço de união igualitária entre dois personagens que se acreditaria destinados a nunca se encontrarem: de um lado, o pintor da vida elegante cujo olhar goza "das belas carruagens de luxo, dos cavalos orgulhosos, da limpeza brilhante dos lacaios, da destreza dos criados, do andar ondulante das mulheres, das belas crianças, felizes de viverem e de estarem bem vestidas: em poucas palavras, da vida universal[27]", do outro, esse camponês alemão que pede a um pintor para representá-lo no final do dia no umbral de sua fazenda, no meio de sua família numerosa, dos sinais de sua prosperidade e das baforadas de seu cachimbo coloridas pelo sol poente, sem se esquecer do "*ar de satisfação*" sentido ao contemplar sua riqueza "*aumentada pelo labor de um dia de trabalho*". Inversamente às "crianças mimadas" da pintura, fechadas na habilidade do ofício, esse camponês, comenta Baudelaire, "entendia a pintura. O amor pela sua profissão tinha elevado sua *imaginação*"[28]. O mesmo ar de satisfação do camponês ou do filho do rico é o reflexo da riqueza comum,

---
27. "Le peintre de la vie moderne" [O pintor da vida moderna], *ibid.*, t. II, p. 692-693.
28. "Salon de 1859" [Salão de 1859], *ibid.*, t. II, p. 613.

a participação da "vida universal" que falta nos "pântanos espelhados" de Théodore Rousseau ou nas "magias líquidas ou aéreas" de Boudin. Para denunciar essa lacuna, Baudelaire não hesita em recorrer à autoridade do mais improvável juiz em matéria de arte, Maximilien Robespierre, que "tendo estudado cuidadosamente suas *humanidades*" sabia que o homem "nunca vê o homem sem prazer"[29].

O "gosto infinito pela República" não é, então, uma fórmula efêmera dos tempos de febre política. É a fórmula estável de um republicanismo estético. Para compreender seus traços, é preciso se distanciar da interpretação atualmente dominante de Baudelaire, da interpretação benjaminiana do "poeta lírico no apogeu do capitalismo". Por meio de todas as suas variações, esta obedece a um mesmo objetivo fundamental. Ela quer ligar diretamente a temática e o ritmo dos poemas baudelairianos a um dado antropológico constitutivo da modernidade: o da "perda da experiência" produzida pela reificação mercantil e pelo encontro da cidade grande e da multidão. A "esgrima extravagante" do rimador, o duelo com a beleza em que o artista "grita de dor antes de ser vencido" e a angústia do poeta "empurrado" pela multidão traduziriam uma experiência moderna do choque no qual participam tanto o automatismo do trabalhador colado em sua máquina quanto a inquietude do pedestre em cada cruzamento, ou a atenção do jogador a cada cartada ou mesmo o clique de uma máquina fotográfica. E é em relação à potência inorgânica que

---

29. "Salon de 1859", *ibid.*, t. II, p. 666.

dita sua lei à experiência, ou, melhor dizendo, à perda de experiência moderna – ou seja, o fetiche reificado da mercadoria – que se deve compreender a embriaguez do *flâneur* gozando por ser como a mercadoria "que se esbarra contra a multidão de clientes", o enigmático gozo do número que se esclarece "quando o imaginamos pronunciado, não do ponto de vista do homem, mas do da mercadoria"[30] e finalmente a raiva destruidora da alegoria, interrompendo o curso da história para marcar o mundo reificado com o emblema da única "novidade radical" ainda disponível, a morte.

Esse gesto interpretativo, que lê nas palavras e nas respirações do poema a transcrição heroica de uma experiência sensorial devastada, talvez se distancie rapidamente demais do tecido estético dentro do qual a fantasia baudelairiana da República infinita ganha sentido. Ela pende para o lado de uma "destruição da experiência", o que é muito mais uma modificação no sistema de relações entre os elementos que definem uma forma de experiência: as maneiras de ser e de fazer, de ver, de pensar e de dizer. Para evitar esse curto-circuito, é melhor reinscrever a experiência baudelairiana da cidade e da multidão no conjunto mais vasto das transformações que afetam o paradigma poético de sua época.

Talvez seja conveniente reexaminar o tema do "heroísmo da vida moderna" desse ponto de vista. Aqueles que sublinharam em Baudelaire a importância do tema heroico e

---

30. Walter Benjamin, "A Paris do segundo Império na obra de Baudelaire", in *Baudelaire*, edição organizada por Giorgio Agamben, Barbara Chitussi e Clemens-Carl Härle, tradução francesa de Patrick Charbonneau, La Fabrique, 2013, p. 753.

sua encarnação na figura "moderna" do dândi não prestaram nenhuma atenção a certas ocorrências singulares do termo em seus textos. No prefácio da tradução de Poe, Baudelaire insere um grande elogio das nações selvagens, felizmente privadas das "engenhosas invenções que dispensam o indivíduo do heroísmo", enquanto o homem civilizado se encontra confinado "nas regiões infinitamente pequenas da especialidade"[31]. O selvagem é, ao mesmo tempo, guerreiro e poeta. Ele até oferece, com suas roupas, seus adornos e suas armas, a figura perfeita do dândi "suprema encarnação da ideia do belo na vida material[32]". A assimilação é retomada no *Salão de 1859* em que os chefes de tribos pintados por Fromentin manifestam, segundo o olhar do crítico, o mesmo "dandismo patrício" que os índios da América anteriormente pintados por Calin, os quais "nos fazem sonhar com a arte de Fídias e com as grandezas homéricas, mesmo em seu estado de decadência"[33]. Os traços do heroísmo moderno e do dandismo baudelairiano estão, assim, bem próximos dos da "poesia ingênua" e da educação estética de Schiller. Em primeiro lugar, o heroísmo não é a virtude dos indivíduos. Ele é a virtude do mundo que mantém juntas as razões do agir e as do poema. Um herói não é um homem sem medo que se entrega a algumas ações brilhantes. Ele é o habitante de um mundo intermediário entre o humano e o divino. É essa mediação entre mundos separados que tor-

---

31. "Notes nouvelles sur Edgar Poe" [Notas novas sobre Edgar Poe], *O. C.*, op. cit., t. II, p. 325.

32. *Ibid.*, p. 326.

33. "Salon de 1859", *O. C.*, op. cit., t. II, p. 650.

na a poesia possível. Mas o herói também é o ser que não conhece a separação entre a ordem do agir e a do fazer. É assim que Hegel descreve o universo heroico próprio da poesia homérica: um mundo que ignora a divisão do trabalho, em que os príncipes e chefes de guerra cortam eles mesmos a carne e são capazes de esculpir seus leitos ou de forjar suas armas. A condição da poesia ingênua ou heroica é que o mundo que ela descreve já seja poético: e ele o é por causa dessa indistinção que Hegel vê no mundo moderno entre a ciência, a economia e a administração racional definitivamente afastada.

Já sabemos que a resposta a esse veredito já foi dada na época de Balzac e de Dumas: é possível encontrar as condições da indistinção "ingênua" nas ruas da metrópole moderna tão bem quanto na trilha dos índios de Fenimore Cooper. A modernidade também tem seu heroísmo, ou seja, sua poeticidade imediatamente legível no cenário da cidade, as maneiras e o andar de seus habitantes, como os abismos que se abrem nas profundezas ou atrás de seus portões e fazem a comunicação do mundo ordinário com o universo do fantástico. O romancista ou o poeta é o observador, meio *flâneur* à espera do pitoresco dos costumes humanos, meio escrutador sondando os abismos abertos sob os pés ou atrás dos muros, que exuma essa poesia imanente ao mundo prosaico: a beleza especial e fugaz – "moderna", em uma palavra – que vem, segundo Baudelaire, somar-se ao elemento eterno da arte. Mas encontrar em Paris florestas virgens e moicanos é apenas a parte mais fácil do programa. A poesia "ingênua" não era a poesia pitoresca dos costumes de antigamente, e não devemos nos deixar enganar pela ilusão produzida pela literatura das "fisiologias" que causaram furor em torno de 1840. O projeto fisiológico parece, a princípio, chamar a atenção do entomologista que analisa o etos próprio a cada tipo social. Mas o autor de fisiologias frequentemente não olha para nada. Ele encadeia lugares comuns cujo conjunto representa um tipo. A coisa é sem importância visto que esse pseudossaber enciclopédico sobre a sociedade não serve para nada, porque ele não é um conhecimento que arma aqueles que buscam fins sociais.

É esse, justamente, o fundo do problema. O mundo heroico era o mundo da indistinção entre a esfera poética e a da ação. E é esta indistinção que parece perdida. Balzac que, muito mais que Poe, forjou o olhar baudelairiano sobre a cidade e a multidão, deu a mais brilhante ilustração dele. A descrição minuciosa e alucinada dos cinco círculos do inferno parisiense, que abre *A menina dos olhos de ouro*, aparece como uma obra-prima de uma nova etologia romanesca. Mas essa etologia não contribui em nada para a energia ficcional que dá a ação ao romance. E a capacidade de infiltração dos Treze é perfeitamente impotente para evitar o desastre. O saber sobre a multiplicidade das identidades sociais e dos caminhos, desvios e abismos da grande cidade pode servir para remitologizar o mundo. Mas ele só faz isso pagando o preço de afastar, certamente, ainda mais o paraíso perdido do mundo heroico, o de uma imediata união entre as maneiras de ser e as maneiras de agir. Para dar todo o seu sentido ao ressentimento do poeta em relação a um mundo "em que a ação não é a irmã do sonho"³⁴, é preciso inscrevê-lo na lógica de uma ruptura bem mais radical. Não é o sonho que se divorciou da ação. Foi, muito mais, a promoção do sonho, o resultado do divórcio realizado entre o saber e a ação.

Das tergiversações do general Wallenstein ou das errâncias de Wilhem Meister até as tentativas infrutíferas dos conspiradores de Balzac, o tiro absurdo de Julien Sorel, o cansaço do Danton de Büchner, a indolência de Frédéric Moreau ou as ilusões dos generais de Tolstói, toda a época chamada de romântica parece, de fato, assombrada em suas intrigas e afetada em suas formas de construção por uma mesma obsessão: a da falência da ação. A ação, como sabemos, não é simplesmente o fato de fazer algo. Ela é um modo do pensamento, uma estrutura de racionalidade que define, ao mesmo tempo, uma norma de comportamentos sociais legítimos e uma norma de composição das ficções. Tal era a organização aristotélica das ações encadeadas pelos laços de causalidade segundo a necessidade ou a verossimilhança. A racionalidade da ação se ajusta com uma certa forma do todo, constituído por um conjunto contabilizável e coerente de relações: de coordenação entre causas e efeitos, de subordinações entre o centro e a periferia. A ação precisa de um mundo finito, de um saber circunscrito, de formas de causalidade calculáveis e de atores selecionados. Pois é essa limitação que parece perdida para os

---

34. "Le reniement de Saint Pierre" [A negação de São Pedro], in *Les fleurs du mal* [As flores do mal], O. C., op. cit., t. I, p. 122.

contemporâneos e para os sucessores de Balzac. O problema não é que o mundo tenha se tornado prosaico demais para que as almas de elite encontrem uma satisfação nele. O problema é que ele se tornou vasto demais e que o conhecimento se tornou refinado demais, diferenciado demais para que a ação encontre, nele, as condições de raridade que lhe convém. Quando quer designar o vício da nova ficção, do qual *A educação sentimental* é o testemunho, Barbey d'Aurevilly invoca a autoridade, não de um homem de letras, mas de um general, Napoleão Bonaparte. Este teria repreendido, um dia, seu irmão Joseph por ter "um defeito terrível que impediria qualquer ação [...], *esse gênero de imaginação* que, sobretudo, *faz quadros*"[35]. Inventar quadros é atravancar o terreno da ação, tornar suas linhas confusas e seus próprios objetivos irrisórios. Ora, a nova ciência social não para ela própria de inventar "quadros" que aumentam a distância entre o pensamento e a ação. Nessas condições, a busca de uma "heroicização" própria ao mundo contemporâneo parece esticada entre dois polos. Por um lado, a unidade heroica será buscada em uma radicalização do princípio da ação voluntária, na pura decisão de agir, com ou sem razão. Por outro, ela se encontrará apenas do lado do devaneio que anula as distorções que a vontade imprime no transcurso das coisas e permite ao espetáculo da vida moderna desenvolver todas as suas virtualidades.

É para o primeiro lado que Baudelaire parece inicialmente se voltar. A descoberta de Poe e de seu "princípio poé-

---

35. Barbey d'Aurevilly, "Flaubert", in *Le romain contemporain. Les œuvres et les hommes*, op. cit., p. 101 (sublinhado por Barbey).

tico" lhe permite fixar a imagem do poeta que faz exatamente o que projetou fazer e não deixa uma única palavra que não seja efeito de uma intenção. Mas ela também leva o autor que gostaria de provar seu talento pelos romances ou dramas em cinco atos a uma estranha observação: essa unidade poética, antigamente associada às grandes formas da tragédia e da epopeia, agora obriga a se restringir às pequenas formas cuja novidade é o modelo. É esse o meio, assegura o poeta, de se obter o efeito desejado, a unidade de impressão, por um controle absoluto de todos os elementos do poema. Mas essa racionalização estratégica esconde mal a mudança da própria natureza do poético: a "totalidade" que deve ser buscada agora é a dessa "excitação" da alma que é "por necessidade psicológica" fugidia e transitória[36]. Aqui está o fundo do problema: a totalidade que normatiza o poema não é mais a do corpo orgânico com os membros funcionais bem coordenados. O caçula de Baudelaire, Hippolyte Taine, não vai parar de martelar: a beleza antiga era a dos corpos com os músculos retesados pela ação. Já a idade moderna é a do homem nervoso. Benjamin quis ligar esse tema do nervosismo, que se torna uma obsessão na época de Baudelaire, ao do choque que ele vê no âmago da experiência da cidade e das multidões. Da mesma maneira, ele ligou a destruição do modelo orgânico ao poder inorgânico da mercadoria e do cadáver. Mas a refutação do modelo orgânico não é o triunfo do inorgânico. O que se opõe ao organismo, não é o inorgânico, é a vida como poder

---

36. "Notes nouvelles sur Edgar Poe", *O.C.*, op. cit., t. II, p. 332.

que circula pelo corpo, excede seus limites e desorganiza a própria relação do pensamento com seu efeito. Na verdade, é preciso generalizar ao conjunto das novas experiências perceptíveis o efeito que Baudelaire atribui ao haxixe: a perda da "equação entre os órgãos e os prazeres"[37]. A ciência do espírito que é articulada nessa época é, nesse caso, paralela à ciência da sociedade. Tanto uma quanto a outra destroem o que elas, teoricamente a princípio, deveriam aperfeiçoar: o modelo do organismo, do centro que comanda, dos músculos que se contraem e dos membros que obedecem. O mundo finito do organismo – que é também o da ação – se encontra agora excedido dos dois lados: o de seu palco que não oferece mais cenas circunscritas à ação e o de seu agente cuja temporalidade não consegue mais coincidir com a fonte dessa ação. O mundo social se perde em ramificações infinitas. A mesma coisa acontece com o tema que era a causa da ação. Sua identidade se perde no infinitamente pequeno das sensações. A unidade do poema é uma unidade de efeito, e esta deve corresponder a uma curta excitação. A obra-prima da vontade programática se encontra, então, bem perto do passe de mágica do ilusionista ou do charlatão. A vontade não é mais o ajustamento racional dos meios aos objetivos fixados; ela é, essencialmente, o ato de sua autoexibição. E esta só é tão pura quando ela não tem razão, quando ela se identifica à pura descarga nervosa exercida em relação ao mau vidraceiro, caindo com seus vidros do alto das escadarias.

---

37. "Du vin et du haschish" [Do vinho e do haxixe], *ibid.*, t. I, p. 393.

O restabelecimento da unidade "heroica" não pode passar por esses alardes e essas caricaturas da vontade. Aqui, também, o olhar do crítico de arte desmente as fanfarronices do poeta mestre de seus efeitos: "Na arte, é uma coisa que não é muito percebida, a parte deixada à vontade do homem é bem menor do que se pensa"[38]. Se a nova forma poética deve ser breve, não é para assegurar a maestria do artista. Muito pelo contrário, é porque ela marca o encontro pontual entre um tema que é uma rede infinita de sensações e um mundo sensível que excede todo limite de terreno de ação estratégica. A unidade do poema é a do "pedaço de céu visto através de um respiradouro" que dá "uma ideia mais profunda do infinito que o panorama visto do topo de uma montanha"[39], assim como a do quadro é "essa atmosfera empoeirada e luminosa de um quarto em que o sol quer entrar por inteiro"[40]. O mundo excede o campo de ação assim como o tema excede o círculo da vontade. O ato de pensamento que leva em consideração esse excesso tem um nome, ele se chama devaneio. O devaneio não é se voltar para o mundo interior de quem não quer mais agir porque a realidade o decepcionou. Ele não é o contrário da ação; é outro modo do pensamento, outro modo de racionalidade das coisas. Ele não é a recusa da realidade exterior; é o modo de pensamento que coloca em questão a

---

38. "Quelques caricaturistes étrangers" [Alguns caricaturistas estrangeiros], *ibid.*, t. II, p. 573.

39. Carta a Armand Fraisse de 18 de fevereiro de 1860, *Correspondance*, texto organizado por Charles Pichois e Jean Ziegler, Gallimard, Bibliothèque de la Pléiade, 1973, t. I, p. 676.

40. "Salon de 1846", *O. C.*, op. cit., t. II, p. 451.

própria fronteira que o modelo orgânico impunha entre a realidade "interior" em que o pensamento decidia e a realidade "exterior" em que ele produzia seus efeitos. É aqui que o olhar sobre a cidade e a experiência urbana ganha um sentido. É preciso, para entendê-lo, relativizar a novidade radical que Benjamin atribui à experiência urbana dos contemporâneos de Baudelaire para fazer com que ela coincida com a era do capitalismo industrial e do fetichismo mercantil. Essa experiência urbana não é a da *flânerie* curiosa que pertence, sobretudo, à época de Sébastien Mercier e de Rétif de la Bretonne. Ela também não é a da multidão traumatizante. E, sem dúvida, também se deve diminuir a importância dada a Edgar Poe e a seu "homem das multidões", privilegiado pela leitura benjaminiana porque seu trajeto termina nos lugares da mercadoria e do crime. Baudelaire pegou emprestado o modelo de seu olhar sobre a cidade mais de Balzac do que de Poe. Não o Balzac geólogo dos círculos da cidade grande e observador dos tipos que perambulam pelos bulevares, de seu modo de andar ou de suas roupas, mas o que sentiu a inanidade desse saber fisiológico ou fisiognomônico e colocou em ficção o próprio distanciamento entre o saber sobre a sociedade e o sucesso da ação. É exemplar, sob esse ponto de vista, o último episódio de *Ferragus* em que o marido inconsolável para sua carruagem nos limites da cidade, perto dos terrenos baldios do Observatório onde os jogadores de petanca[41] se reúnem. Não há fisiologia desse personagem

---

41. Jogo de origem provençal muito semelhante à bocha. (N. E.)

urbano pitoresco. O olhar do observador é direcionado a outro espectador: o antigo chefe da conjuração dos Treze conspiradores lançados à conquista da sociedade, que se tornou observador inerte desse jogo de bolas, ou, como diz Balzac em uma fórmula que soa como um título sonhado de poema em prosa, "o gênio fantástico das bolas"[42].

Sabemos que Balzac foi a referência da primeira reflexão de Baudelaire sobre o heroísmo da vida moderna em que o "espetáculo da vida elegante" é acoplado ao das "milhares de existências flutuantes que circulam nos subterrâneos de uma grande cidade"[43]. Vale a pena observar um pouco mais atentamente a relação entre o moderno, o heroico e o flutuante. Ela dá, na realidade, todo o seu sentido à afirmação, por um lado banal, segundo a qual o belo se comporia de um elemento eterno e de um elemento fugaz, ligado ao presente. Não se trata, simplesmente, de adicionar o belo de hoje ao belo de sempre. Trata-se de identificar um belo propriamente moderno, oposto a essa beleza clássica inimiga do "movimento que desloca as linhas", um belo do "flutuante", ou seja, justamente da linha apagada. As existências flutuantes, na verdade, são bem mais do que os "criminosos e manteúdas" mencionados por Baudelaire – pensando, talvez, em Vautrin e em Esther. Essas existências não são definíveis pelos traços de classes intermediárias ou de populações de honestidade duvi-

---

42. Honoré de Balzac, *Ferragus, La comédie humaine* [Ferragus, A comédia humana], edição publicada sob a direção de P. G. Castex, Gallimard, Bibliothèque de la Pléiade, t. V, p. 902.

43. "Salon de 1846", op. cit., t. II, p. 495.

dosa. São definíveis, simplesmente, por sua pertinência a um mundo flutuante. Este não é apenas o mundo da circulação incessante das cidades grandes. É, sobretudo, um mundo sem um apoio estável, sem circunferência definível, nem identidades bem estabelecidas. Mais do que identificá-lo a uma fauna social específica – boêmia ou outra – da qual Baudelaire seria o representante, é preciso dar a essa "flutuação" sua dimensão estética. O mundo flutuante é um mundo em que as linhas de divisão entre identidades sociais estão embaralhadas, da mesma maneira que, na pintura de Delacroix, a linha – estrutura e emblema da ordem representativa – se encontra suprimida duas vezes, segundo a verdade dos geômetras, para os quais cada uma contém mil, e a dos coloristas, para os quais ela é apenas "a fusão íntima de duas cores"[44].

A experiência da multidão deve ser pensada nesse modelo. Esta é primeiramente a experiência de um sonhador. O observador baudelairiano não corre, como o de Poe, atrás dos personagens que atraíram sua atenção, nem mesmo daquela passante que ele teria amado[45]. Segui-la seria despojá-la do que faz sua aura, ou seja, nenhuma aparição do longínquo ou nenhum ataque da morte, mas, pura e simplesmente, o futuro do pretérito do indicativo ou o mais-que-perfeito do subjuntivo como modo e tempo do *fugidio*, modo e tempo do aparecer não simplesmente efêmero, mas, sobretudo, aliviado das propriedades que tornam tão prosaico qualquer "querida alma"

---

44. "Salon de 1846", *ibid.*, t. II, p. 434.
45. "À une passante" [À uma passante], *Les fleurs du mal, ibid.*, t. I, p. 93

a partir do momento em que ela consentiu em segui-lo. O modelo do observador baudelairiano é o homem que observa a multidão de longe e do alto, com um olhar que a torna indistinta. É o sonhador atrás de sua janela, observando, "além das ondas de telhados", um ou outro dos buracos negros ou luminosos em que "a vida vive, a vida sonha, a vida sofre"[46]. Balzac também forneceu esse modelo com o Raphaël de *A pele de onagro* observando, de sua mansarda, essas "savanas de Paris formadas por telhados nivelados como uma planície, mas que cobririam os abismos habitados"[47]; e também o Victor Hugo de "La Pente de la rêverie" [A ladeira do devaneio], vendo, através das janelas góticas, os rostos familiares perderem seus traços para se fundirem na imensa multidão que se estende ao longo dos continentes, desertos e oceanos:

> Multidão sem nome! Caos! Vozes, olhos, passos.
> Os que nunca vimos, os que não conhecemos[48].

A beleza percebida pelo sonhador urbano não é a da moda do dia. Também não é a da morte percebida através da eterna repetição do novo. A própria carniça não é o emblema da vaidade de toda beleza; ela mesma oferece uma beleza singular, a do múltiplo zumbido das moscas e das larvas, e das

---

46. "Les fenêtres" [As janelas], *Le spleen de Paris, ibid.*, t. I, p. 470.

47. Honoré de Balzac, *La peau de chagrin* [A pele de onagro], *La comédie humaine*, Gallimard, Bibliothèque de la Pléiade, t. X, p. 136.

48. Victor Hugo, "Les feuilles d'automne" [As folhas de outono], Œuvres poétiques, edição organizada e comentada por Pierre Albouy, Gallimard, Bibliothèque de la Pléiade, 1964, t. II, p. 771.

formas que se desvanecem até se tornarem apenas um sonho, um "esboço" esquecido na tela de um pintor[49]. A beleza moderna não é a desse "sempre parecido" que obceca Benjamin desde sua leitura de Blanqui, e que ele vê emblematizado na fantasmagoria dos "Sete anciãos". Ela é, pelo contrário, a do múltiplo anônimo, do corpo que perdeu as linhas que o definiam, do ser despojado de sua identidade. Mas essa mesma perda da identidade não deve se perder no caos sonoro do panteísmo de Victor Hugo. A vida universal não é o oceano no qual tudo é engolido. É preciso dar ao múltiplo e ao gozo do múltiplo uma armadura que lhes evite se perderem no rumor ensurdecedor da multidão/oceano e na compaixão pela miséria do mundo. A janela que mostra e esconde o encontro de seres singulares cujo rosto traz uma história, mas que perdeu desde Balzac o poder de dizê-la, e a troca de olhares que abre no espaço cotidiano da cidade uma linha de fuga infinita serve para isso. Primeiramente, na janela, o importante é se abrir apenas para um mundo de outras janelas, atrás das quais se mantém, por exemplo, essa mulher enrugada curvada em cima de algo indefinível e cujo rosto, a roupa e o gesto confuso permitem inventar uma história[50]. A beleza moderna também é isso, essa maneira não mais de inventar histórias colocando em cena personagens que se parecem conosco, mas de se diferenciar inventando as possíveis vidas de seres reais percebidos através de uma janela ou em uma esquina. E é nor-

---

49. "Une charogne" [Uma carcaça], *Les fleurs du mal*, op. cit., t. I, p. 32.
50. "Les fenêtres", *Le spleen de Paris*, ibid., p. 470.

malmente isso que permite a aparência "sinuosa" do poema em prosa em que tudo é, ao mesmo tempo, pé e cabeça. Atrás da desenvoltura dos temas que estão no prefácio de *O spleen de Paris* há toda uma redefinição da mimese poética à qual se acomoda a forma sonhadora do poema em prosa. Sua liberdade é, com efeito, muito mais que a comodidade da linha sinuosa que substitui o metro regular. Ela participa da ruína de toda uma tradição de pensamento do poema. Aristóteles havia resgatado, anteriormente, a mimese dos ataques de Platão deslocando-a da imitação dos personagens em direção à composição dessas ações que se distinguiam do ordinário da vida porque elas tinham uma cabeça e uma cauda, um começo, um meio e um fim. Com o luto do paradigma da ação, a mimese é, de novo, a invenção dos personagens. Mas essa nova mimese inverte a velha lógica segundo a qual o poeta inventava seres de ficção cujos sentimentos eram os corpos reais emprestados pelos atores. A partir de então, os corpos reais devem servir de suporte às criações do devaneio, com a condição, logicamente, de serem despojados de suas propriedades, tornando-se disponíveis para serem reabitados por ele. Definitivamente, essa é a moral – compartimentada – do "Velho saltimbanco". O poema inteiro parece dedicado a celebrar essa nova beleza alçada sob o signo igualitário da efervescência do múltiplo em que o ganho e a perda na feira "os alegram igualmente" e onde, como em um quadro de Decamps, tudo é apenas "luz, poeira, gritos, alegria e tumulto"[51].

---

51. "Le vieux saltimbanque" [O velho saltimbanco], *ibid.*, p. 296.

E é para a própria perfeição do quadro que parece, a princípio, contribuir o encontro do velho saltimbanco encostado contra um dos pilares de seu casebre, como Ferragus contra sua árvore, mas cujo olhar, ao invés de se fixar no trajeto das bolas, vagueia "profunda, inesquecivelmente" sobre a onda movediça da multidão e da luz. Inclusive o leitor fica insatisfeito com o poeta por terminar seu passeio na mais insípida das alegorias: o velho saltimbanco oferece a imagem do "velho homem de letras que sobreviveu à geração que ele brilhantemente divertiu"[52]. Mas essa conclusão insípida pode, por sua vez, se desdobrar e voltar atrás no passeio urbano. O velho homem de letras cujo casebre está vazio também é o poeta fixado em sua identidade, interpretando o papel do poeta. A vida múltipla e as múltiplas vidas nas quais o novo poeta deve se perder o liberam desse papel ultrapassado. O olhar profundo do velho saltimbanco não é, então, o oposto da poesia do múltiplo. Ele é um multiplicador. Mais exatamente, ele abre na simples multiplicidade da multidão a linha de uma "infinitização". A multidão não apresenta apenas corpos disponíveis para as encarnações do poeta moderno. Ela apresenta também encontros singulares, olhares que fazem desviar o próprio gozo que eles aumentam e que o impedem de se fechar novamente na posse. A alegria do rico é mesquinha enquanto ela não tiver sido "infinitizada" pelo olhar do pobre, atraído pelas luzes e pelas decorações da cafeteria, ou tendo seu ouvido atraído pelos ecos longínquos do concer-

---

52. *Ibid.*, p. 297.

to; mas a alegria do pobre também permanece mesquinha enquanto ela não tiver sido atravessada pelo olhar de quem não tem nada a mais para mostrar aos passantes curiosos. E é essa "infinitização" republicana da sensação que não pode ser compreendida pelas "queridas almas" cujo consumo satisfeito se recusa a ser estragado por esses olhos dos pobres "abertos como portões"[53]. O gozo do múltiplo não saberia se fechar nem na posse solitária nem na reciprocidade amorosa. A "prostituição" poética é, decididamente, outra coisa que a exposição emblemática dessa mercadoria em que a vida se torna o símbolo da morte. E não há uma contradição entre a "infinitização" do múltiplo e a recusa do progresso. O poeta que ri de suas extravagâncias revolucionárias passadas mantém sua posição sobre isso: "é bom ensinar, algumas vezes, aos felizes desse mundo, nem que seja para humilhar seu orgulho tolo, que existem felicidades superiores à deles, mais amplas, mais refinadas"[54]. O desconhecido não é apenas o precipício no fundo do qual a morte é a única novidade certeira. Atrás de cada janela, em cada cruzamento de cada rua, no limiar de cada lugar de prazer, ele pode se oferecer ao trabalho de "infinitização" da República estética. É uma política modesta mas fiel. Não se trata de trazer de volta todo o pensamento e toda a obra de um poeta para rostos e papéis múltiplos. No entanto, sua conscientização pode nos ajudar a observar com um olhar novo essa mesma multiplicidade e a reabrir o espaço próprio

---

53. "Les yeux des pauvres" [Os olhos dos pobres], *ibid.*, p. 319.

54. "Les foules" [As multidões], *ibid.*, p. 291.

para o desenvolvimento de suas virtualidades contraditórias. O problema, diga-se de passagem, não é interpretar um poeta. É perceber as mutações do olhar e do pensamento, as divisões do tempo e do espaço, palavras e imagens, segundo as quais a ideia da poesia e da República puderam se associar para desenhar um certo rosto de comunidade.

III. O teatro dos pensamentos

O que aconteceu entre o pensamento, a palavra e a ação no teatro moderno e, mais particularmente, nesse teatro que pretendia reatar com o povo um laço pertencente a sua própria essência? Minha questão será colocada a partir de uma lembrança pessoal. Uma noite, no começo de 1954, desci as grandes escadarias do palácio de Chaillot para um primeiro contato com o Théâtre National Populaire de Jean Vilar. Para quem conhecia o teatro pelas assinaturas da Comédie Française, foi, logicamente, um choque. Havia aquele palco imenso e nu, sem cortinas, que recepcionava o espectador, sentado diante dele e com a certeza de ver tudo, qualquer que tivesse sido o preço de sua entrada. No lugar da campainha, convidando o público a entrar na sala havia trombetas, e no lugar dos três toques e do levantar das cortinas, uma simples escuridão antes que a luz voltasse ao palco nu onde se agitavam apenas as manchas de cor de algumas bandeiras. Esse começo soava como um aviso lançado ao público, explicando que o que se passava no espaço vazio do palco era algo além de um divertimento social: o espetáculo de certa grandeza que era a essência heroica do teatro e criava um elo entre o público reunido e os movimentos feitos no palco – nesse caso, os movimentos do drama shakespeariano ligados aos acontecimentos memoráveis da grande história.

Dessa história de bandeiras e fanfarras, no entanto, um momento permaneceu gravado em meu espírito, aquele em que o ator que encarnava Ricardo II – e encarnava também naquele momento a beleza radiante e a juventude generosa – se dirigia aos últimos fiéis do monarca nos seguintes termos: "Meus amigos, sentemo-nos no chão e contemos uns aos outros o fim lamentável dos reis". Naquele momento, o grande espaço oferecido ao desdobramento das ações e ressoante às palavras se reduzia àquele pequeno círculo de debatedores que deixava uma ação entregue a si mesma acontecer. Tratava-se certamente do fim de um rei, e a história dos povos é, antes de tudo, feita do declínio dos reis. Mas essa dissociação entre a conversa em um pequeno círculo e a ação da história que acontecia por si própria, contentando-se em comentá-la, marcava também o destino dos revolucionários que o mesmo teatro havia representado pouco antes em *A morte de Danton*, ou em *Lorenzaccio*, a história do inútil assassinato político, dirigida por Jean Vilar. E um pouco mais tarde, com *Platonov*, o tagarelar sem fim de uma Rússia provinciana, comentando sua própria imobilidade, só seria interrompido, salvo um tiro – que teria que ser repetido por seu autor –, pela distância vertiginosa criada entre duas frases de uma carta de adeus: "Ame nosso pequeno Kolya como eu o amo. Tome conta de meu irmão. Não abandone nosso pai. *Viva segundo as Escrituras. A chave do aparador de madeira está em meu vestido de lã*"[1].

---

1. Sublinhado por mim. Apresento aqui esse trecho tal como o ouvi, na tradução de Pol Quentin usada na representação do TNP (Théâtre National Populaire): *Ce fou de Platonov* [Platonov], L'Arche, 1956, p. 79.

Como pensar essa pane de ação e essa perda do laço entre as palavras que se manifestavam no palco aberto do teatro popular? Cinquenta anos mais tarde, eu li um diagnóstico dado, então, por um outro espectador, exasperado com esse *Ricardo II* que me havia encantado. Roland Barthes via, na atuação de Gérard Philippe, o sinal do aburguesamento fatal do teatro popular[2]. Eu retomarei esse diagnóstico e sua implicação sobre a política do teatro. Mas o mal vinha, indubitavelmente, de mais longe. Atrás do eventual "aburguesamento" de uma empresa de teatro popular dos anos 1950, há uma tensão inicial que habita o dispositivo de pensamento da ação teatral dentro do qual esse projeto tinha sua cena de desdobramento. Porque é desde sua origem que o pensamento do teatro popular encontrou um questionamento radical do que o teatro poderia significar como relação entre pensamentos, palavras e atos.

Partamos, para entendê-lo, do momento histórico em que a ideia do teatro popular, que ainda acontecia no palco do palácio de Chaillot, foi formulada. Em 1833, no prefácio de *Maria Tudor*, outra peça montada pelo TNP de Jean Vilar, Victor Hugo formulava um princípio, o do palco aberto no qual a poética romântica, destruidora das convenções da ordem clássica, viria coincidir com uma cena política que, até então, lhe teria sido estranha, até mesmo hostil: a do povo soberano, rejuvenescido pela revolução de julho de 1830. O pal-

---

2. Roland Barthes, "Fin de *Richard II*" [Final de *Ricardo II*], Écrits sur le théâtre, reunidos por Jean-Loup Rivière, Points/Seuil, 2002, p. 62-7.

co teatral se achava aberto, não apenas pela destruição dos gêneros e das convenções que estavam ligadas a eles, mas também pela ultrapassagem dos pontos de vista limitados, segundo os quais os grandes clássicos tinham selecionado os personagens, as situações e as forças passionais de suas intrigas. O novo drama seria "a mistura no palco de tudo o que é misturado na vida; seria uma revolta ali e um namoro aqui, e, durante o namoro, uma lição para o povo, e durante a revolta, um grito para o coração; seria o riso; seriam as lágrimas; seria o bem, o mal, o alto, o baixo, a fatalidade, a providência, o gênio, o acaso, a sociedade, o mundo, a natureza, a vida; e, acima de tudo isso, sentir-se-ia planar algo grandioso"[3]. Hugo propõe, ao novo povo dos dias revolucionários, o igualitarismo radical desse palco aberto. O modelo dele é, logicamente, a dramaturgia shakespeariana: o palco do drama histórico em que os grandes interesses humanos trazem em seus movimentos os interesses e as paixões particulares dos príncipes; em que a regra das unidades é perdida, permitindo que a ação se distenda em episódios de intensidade e de coloração diversas; em que a vida está, assim, presente em sua verdade total, sob todos os aspectos, sérios, cômicos ou indiferentes. A diferença seria apenas que as pessoas do povo que, em Shakespeare, tinham papéis cômicos, se alçavam agora, com Didier, Gilbert ou Ruy Blas, aos grandes papéis heroicos. Mas, também, o que deve aparecer no

---

3. Victor Hugo, prefácio de *Marie Tudor*, in *Théâtre*, Gallimard, Bibliothèque de la Pléiade, 1964, t. II, p. 414.

teatro do povo não é o povo, mas algo que é maior que ele, a Humanidade. E o que se manifesta nesse grande palco da Humanidade é, por sua vez, um poder maior que a Humanidade. Esse poder, duas vezes mencionado em nosso trecho, se chama a Vida, a Vida universal que atravessa e excede as vidas individuais.

A Vida é o que faz do palco o lugar de uma nova dramaturgia, uma dramaturgia da coexistência. Só resta pensar nas formas dessa dramaturgia, na nova articulação que ela implica entre os poderes em jogo no teatro: os pensamentos, as palavras e as ações. É aí que a reflexão de Victor Hugo parece terminar. Só lhe basta, aparentemente, que as velhas convenções de personagens, de situações e de linguagem sejam abolidas para que a vida jorre. Mas a vida não é simplesmente o fluxo que jorra livremente quando se lhe retira os entraves. Como princípio dramatúrgico, ela requer uma redistribuição do interesse desses poderes "entravados". E aí se descobre o fundo do problema: o teatro não é simplesmente a metáfora de uma ordem social. Ele também é uma metáfora do pensamento. Pois houve, até então, duas grandes figuras da relação entre pensamento e teatro. Há o modelo negativo da caverna de Platão em que o teatro aparece como o contrário do pensamento, ou seja, o reino da imagem: a mentira do poeta que se esconde atrás dos personagens e do autor que tenta ser o que ele não é; a passividade e a ilusão dos espectadores que veem desfilar e tomam como verdade as sombras das quais eles ignoram o mecanismo de fabricação; o prazer que eles têm assistindo ao espetáculo desses personagens ignorantes e doentes, criados e encarnados por mentirosos; o bater de mãos do grande animal popular; o mal do excesso que se introduz nas almas com os vestígios sensíveis deixados pelo espetáculo da paixão.

Há esse modelo negativo. E há o modelo positivo fixado pela *Poética* de Aristóteles em que a ação dramática é, pelo contrário, um modelo de pensamento em ato: a construção de uma intriga como encadeamento de ações segundo a necessidade e a verossimilhança. O drama é, então, um modelo de racionalidade, uma organização de causas e de efeitos que faz com que o espectador participe de uma intriga de saber. Sabemos que esse modelo é dado por meio de certo jogo de similitudes e de oposições. Ele opõe, à simples sucessão das coisas que acontecem umas depois das outras, o encadeamento dos acontecimentos em que o tempo é determinado pelas relações de causalidade: os que dependem do cálculo dos personagens e os que ligam suas ações apesar deles. Esse modelo de unidade dos acontecimentos sob uma lei causal também se exprime por uma analogia, a do organismo em que os membros estão coordenados e submetidos a um centro. O espaço visível da representação é dado, então, como o lugar de efetuação de um esquema, ele próprio totalmente intelectual, uma organização de ações que se exprime por um debate de discursos. Logicamente, esse lugar abstrato, de um processo intelectual, também é, na era clássica, o lugar bem concreto em que os homens, supostamente especialistas na arte de falar e de agir pela palavra, sentem prazer na representação desse poder no palco. E a questão do teatro "popular" surge quando se acha rompido o círculo supostamente natural entre os atores e os espectadores igualmente especialistas na arte da palavra que age. Mas o importante para a imagem do pensamento é a submissão do espaço da representação ao tempo da ação dramática, tempo determinado como essa organização de ações inteiramente dirigida pela palavra – o que supõe uma dupla aderência da palavra: à fonte de pensamento e de vontade que ela exprime e ao efeito que ela produz em termos de ação.

O problema do novo drama é, então, saber que ruptura sua dramaturgia opera em relação a essa dupla imagem do pensamento: o pensamento subjugado pelo desfile de imagens e o pensamento ativo na formação autossuficiente de uma intriga de causalidade. O que essa vida implica como nova forma de racionalidade? Quem é sua chave? Quais relações essa racionalidade mantém com os modelos da causalidade das ações e da harmonia orgânica das partes? Qual modo de eficiência do pensamento está em andamento na progressão do drama? Qual é o papel da palavra? Quais são suas funções no espaço e no tempo? Essas questões não preocupam nem um pouco o inventor do teatro "nacional" e "popular". Elas habitam, pelo contrário, o espírito do jovem encarregado de traduzir *Maria Tudor* em alemão, ou seja, Georg Büchner. Este, sem dúvida, faz o eco do autor que ele traduz, especialmente na célebre tirada extraída de Camille Desmoulins em *A morte de Danton*: o que vale, aqui, como verdade teatral são apenas marionetes encarnando uma ideia e uma pitada de sentimento. O que se precisa, diz Camille, é descer à rua e adotar a escola da Criação exuberante. Mas o problema aparece rapidamente: essa criação exuberante, de fato, nunca foi criada. Ela não tem nem começo, nem fim. Pois uma peça de teatro tem esse requisito mínimo de ter um começo e um fim e também um meio, ou seja, um veículo que regula o trajeto desse começo até esse fim. No entanto, a vida é um meio em um novo sentido. Não o intervalo entre dois extremos, mas sim um tecido em que tudo se entrelaça infinitamente, tão bem que nunca se encontra o momento em que a causa começa a agir e que nunca se pode determinar o ponto onde seu efeito termina.

É o que dizem as primeiras réplicas dessa *Morte de Danton* em que a conversa, aparentemente desconexa, mistura sem cessar à ação a reflexão sobre o que "ação" poderia, a partir de então, significar. Pois esse modelo orgânico que governava a imagem da ação dramática e do discurso vivo está, a partir de então, obsoleto. O modelo do vivo é, agora, o sistema nervoso, uma rede sem fim de fibras e de sinapses que não se deixa aprisionar em uma unidade de um organismo ou mobilizar na unidade de uma ação. É o que resume, na primeira cena, a resposta espirituosa de Danton a Camille, que o apressa para que ele aja: "Em uma hora, sessenta minutos terão se passado." "E daí? É óbvio", responde Camille[4]. Mas atrás do truísmo não há apenas o velho para-

---

4. Georg Büchner, *A morte de Danton*, in Œuvres complètes. Inédits et lettres [Obras completas. Inéditos e cartas], sob a direção de Bernard Lortholary, Le Seuil, 1988, p. 106, tradução de Jean-Louis Besson e Jean Jourdheuil (tradução modificada).

doxo de Zenão. O que implica a resposta é que o tempo da ação é devorado pela regressão infinita em direção à questão de seu ponto de partida. O problema, então, não é simplesmente encontrar o inacessível momento de começar, mas sim de encontrar o ponto onde isso começa. É saber *quem* ou *aquele que* efetua esse começo.

A explicação da resposta de Danton, aquele que não age – ou só age para "matar o tempo" – é reservada a seu adversário, aquele que age, Robespierre, em uma cena que é como um eco da meditação alucinada de Macbeth diante da arma do crime: "Eu não sei que parte de mim engana a outra [...] Pensamentos e desejos mal perceptíveis, confusos e disformes que se escondiam à luz do dia agora tomam forma e roupagem, e se esgueiram na silenciosa morada do sonho. Eles abrem as portas, olham pela janela, quase assumem um corpo, com os membros se esticando no sono, com os lábios murmurando. E nossa vigília seria alguma coisa além de um sonho mais luminoso? Será que não somos sonâmbulos? Nossa ação não se pareceria com a de um sonho, somente mais clara, mais determinada, mais consequente? Quem nos condenaria por isso? Em uma hora o espírito executa em seu pensamento mais coisas que a indolente organização de nosso corpo pode realizar durante anos. A culpa está no pensamento. Que o pensamento se torne ato, que o corpo lhe responda, é puro acaso"[5].

---

5. *Ibid.*, p. 121.

A resposta de Danton ganha aqui seu sentido profundo. A hora não se divide apenas em uma infinidade de instantes. Ela se decompõe em uma infinidade de pensamentos dos quais nenhum ato pode seguir o ritmo, mas também dos quais o espírito não pode controlar a proveniência, determinar a exatidão e fixar, por si mesmo, os meios de execução. Nenhum pensamento tem alguma razão para realizar seu ato. Isso não quer dizer que ele não agirá, mas sim que ele agirá somente como pensamento que se desconhece a si próprio: espectro ou alucinação. Saint-Just até tenta racionalizar a coisa: a revolução moral deve, segundo ele, empregar, para se realizar, os mesmos caminhos destruidores que as revoluções do globo. Mas o argumento retórico não consegue esconder a falha que se encontra no âmago da nova imagem do pensamento – uma imagem que o teatro representa, mas que também é, a partir desse momento, sua própria lei: o pensamento age desde que ele seja um território incontrolável, em que não se saiba de onde as ideias vêm e em que estas apenas ajam no modo do sonho ou do sonambulismo. O pensamento é excesso, excesso nos atos, excessos nele mesmo. Seu próprio efeito, também, só pode ser excessivo: escapando ao controle de indivíduos que buscam seus fins e determinam os meios para obtê-los: desconhecendo as relações normais que determinam que causas produzem que efeitos.

    O ritual sonambúlico da Revolução de 1793 corresponde, então, à cena do povo surgindo em pleno dia nas jornadas de julho de 1830, como as visões e alucinações do casal

Macbeth correspondem ao sonho do grande teatro unanimista de Victor Hugo. O palco aberto do drama shakespeariano se reduz a um conflito fundamental: o conflito dos preguiçosos e dos sonâmbulos, dos que, como Hamlet e Danton, seguem a indolência da carne, porque eles não têm nenhum motivo para instituir momentos em que a ação começaria, e dos que, como Macbeth e Robespierre, consentem que o pensamento sacuda essa indolência se personificando a seu modo e produzindo seus efeitos autônomos, segundo a lógica do sonho acordado. Assim se encontra arruinada a velha oposição que estruturava a ideia da racionalidade teatral, a oposição da ação poética que forma um todo de pensamento e da pura sucessão dos fatos que acontecem um depois do outro. O pensamento não é a unidade do múltiplo que se opõe à sucessão isolada dos fatos. Ele é mesmo a sucessão desordenada de "fatos do pensamento". E os atos que essa sucessão determina têm tanta razão de ser quanto de não ser. O modelo disso é dado pelos grandes assassinos shakespearianos, mas também pelas "notas variadas" que se impõem como novos modelos para a narração romanesca ou para a intriga cênica no exato momento em que o povo ocupa as ruas de Paris e em que o poeta francês sonha com o grande palco de coexistência de tudo com tudo.

As notas variadas são, na verdade, o ato isolado no qual se desenvolve um poder de agir em ruptura com o suposto curso normal da vida "sem história". É o ato que, em certo sentido, se reduz a si mesmo, se subtrai das cadeias causais segundo as quais o estado das coisas se reproduz. Mas também é o ato que, por isso mesmo, se abre a um novo tipo de narração e de interpretação: o que vê nele, diretamente resumido na singularidade do ato, a lei de um todo que não é mais um organismo cujos membros deveriam ser reconstituídos, mas um sistema reticular em que cada momento é, de certa forma, portador do poder do todo. Esse todo sem contornos, podendo ser um estado da sociedade cujo ato se torna, então, sintoma. O ato assassino do soldado Woyzeck prova em sua totalidade, sem mediações, a condição de humilhação causada por uma sociedade em relação às pessoas do povo e a violência com a qual elas respondem a isso. Mas ele também destaca o meio como a grande rede de forças obscuras, dos pensamentos e das imagens impessoais, se individualiza como o pensamento e o ato de um indivíduo, seja este um príncipe ou um simples soldado. Esse ato não pode mais ser inscrito na lógica aristotélica da peripécia e do reconhecimento. Ele é somente o término de um encadeamento de algumas visões de sonho ou de pesadelo: os cogumelos que se ampliam em círculos em cima da terra, o ruído dos violinos, o brilho de um par de brincos, uma lâmina vista, primeiramente, durante o sono, uma cor vermelha que é a da lua ao nascer antes de ser o efeito das facadas: uma série de atos idêntica a um encadeamento de pensamentos, ele mesmo parecido com um desfile de visões noturnas abrindo portas ou olhando através das janelas.

O sonho de Victor Hugo de um teatro da vida universal, coincidindo com a aparição do povo no palco da história, é, assim, transformado por esse tradutor que o transpõe em termos de imagem do pensamento e o aprisiona entre seu bisturi de fisiologista e sua experiência de militante republicano, testemunho da falência do voluntarismo dos que acreditam que se possa provocar uma revolta do povo alemão apoderando-se de um posto de guardas em Frankfurt[6]. Mas não basta opor a paciência do processo histórico ao auxílio dos ativistas desmiolados. O que proclama *A morte de Danton* também é a ruína desse pensamento da evolução histórica racional que quis transferir, no decorrer dos acontecimentos sucessivos, a racionalidade aristotélica do poema composto segundo a necessidade ou a verossimilhança. A estratégia dos revolucionários de 1793 tem como resultado apenas o delírio do soldado Woyzeck que se encontra diante de sua faca, ao mesmo tempo real e sonhada, tal como Macbeth diante da sua ou de Robespierre diante das listas que lhe apresenta Saint-Just. Diante do infantilismo ativista, há apenas uma grande nuvem de pensamentos e de desejos vindos não se sabe de quais profundezas, que habitam, da mesma maneira, a vigília do advogado de Arras e os sonhos do soldado imbecil, que aderem às palavras e ao refrão de uma canção popular ou se heroicizam em hino nacional, que se personificam como facada ou lâmina de guilhotina.

---

6. Sobre essas tentativas republicanas de insurreição, que são o pano de fundo sobre o qual se desenvolve a reflexão crítica de Büchner, devem ser lidos os surpreendentes documentos reunidos no livro de Frédéric Metz, *Georg Büchner, biographie générale* [Georg Büchner, biografia geral], Éditions Pontcerq, 2012.

Assim, a distância parece, logo de início, se instaurar no palco do teatro popular. Seu espaço aberto é o dos espectros, dos que obedecem a suas ordens e dos que se sentam no chão para assistir o desfilar de seus efeitos, e não o das jovens energias populares e da grande família humana. O caso não se refere ao desencantamento do revolucionário, apressado demais para ver o pensamento agitar o "ingênuo terreno popular" para não transformar a primeira derrota na conclusão radical de que esse pensamento nunca tocará o corpo grosseiro do povo, a não ser no modo de ação sonâmbula. Ela marca uma distância irremediável com a concepção da causalidade que sustentava, ao mesmo tempo, a construção clássica das intrigas e as formas do ativismo revolucionário. O entrelaçamento reticular das manifestações da vida, a fuga do ponto inicial, a lei do meio sem começo nem fim, a zona incerta em que a sombra se mistura com o pensamento claro, tudo isso se imporá também aos que quiserem basear na ciência da sociedade os meios de inovar em relação aos esquemas caducos da ação programada. As consequências disso se encontram além dos limites de meu tema. Este busca apenas encontrar a constituição de um pensamento do teatro que é, ao mesmo tempo, uma imagem do pensamento e uma forma de interpretação dos caminhos e dos efeitos da ação, logo, também, uma forma de interpretação da sociedade e da história. Trata-se de ver como esse teatro do pensamento pôde tomar corpo como teatro efetivo e impor o limite desse teatro efetivo às vontades de colocar o povo diante da imagem de sua grandeza.

Para isso, é necessário recomeçar pela questão proposta acima: qual é a operação efetuada pelo novo pensamento do drama aberto e pelo paradigma da vida que o governa, em relação aos dois modelos do teatro como lugar de imagens mentirosas e como intriga positiva de saber? Brutalmente formulada, a resposta se enuncia assim: o teatro das ações bem construídas, dos discursos resumindo o pensamento e o conduzindo ao ato, tudo isso que pretendia se opor à sombra das marionetes projetadas na parede da caverna, era apenas um teatro de marionetes, dando um corpo artificial a ideias abstratas. É a ação dramática como intriga de saber que é uma mentira: mentira sobre a natureza do pensamento e sobre a maneira como ele ganha um corpo e age; mentira sobre as motivações e os caminhos da ação. A verdade é a eficiência positiva das sombras, é o não saber sobre aquilo que dá origem aos pensamentos e às ações, é a impossibilidade de determinar a relação entre a sucessão dos estados e o encadeamento das causas e dos efeitos, é a igual possibilidade de que o ato seja ou não produzido. É, em resumo, o desmoronamento de toda a lógica da verossimilhança em benefício da identidade imediata entre o poder do verdadeiro e o poder das sombras. Essa refutação da intriga do saber não é, evidentemente, o retorno à imagem da caverna. Pois esta supõe a existência de um lugar de onde se possa ver, ao mesmo tempo, a luz efetiva do verdadeiro e o marionetista que produz as sombras. Pois um tal lugar não existe e não há outro marionetista a não ser a própria vida. A vida é a verdade que é dada sob a forma de um teatro de sombras. O teatro se torna, assim, um lugar exemplar não para ver a verdade, mas seus efeitos, e para tornar visível, pelo jogo desses efeitos, a mentira do modelo da ação controlada.

A estrutura – teórica e prática – desse lugar é, então, necessariamente paradoxal. O que merece ser apresentado no teatro é a vida em sua verdade que ultrapassa por todos os lados os limites do organismo funcional e da ação conduzida pelos fins. A vida não é contada em discursos, ela deve se manifestar sensivelmente. Mas essa manifestação encontra rapidamente sua contradição. Pois a verdadeira vida justamente é o que foge da percepção manifesta. São os pensamentos não mais como expressão das intenções dos personagens, mas como fantasmas que vêm assombrar seus cérebros, como visões que os espectadores não veem – não estamos mais no tempo das bruxas – mas das quais eles devem sentir o poder. São as palavras que não estão ali para anunciar ou contar ações, mas para fazer sentir o teor de um meio sensível, para deixar perceber o não dito que assombra e se exprime somente pelo silêncio que os separa. O que o palco deve mostrar é o invisível de onde vêm e onde vão se perder os pensamentos e os atos do qual ele é o lugar. O teatro é, a partir daí, o lugar que deve tornar sensível seu fora-do-espaço, que deve se mostrar habitado, estruturado por esse fora-do-espaço. Ele deve ser modelado em relação ao invisível de seu entorno, pelas paredes, pelas portas e pelas janelas através das quais o desconhecido faz efeito. É o que um dramaturgo e teórico do teatro, Maeterlinck, teorizou sob o nome de teatro imóvel: um teatro em que as razões de se mover não se distinguem das de não se mover. Essa estrutura foi apresentada por ele ao menos uma vez em toda a sua literalidade. Penso em sua peça em um ato *Intérieur* [Interior], na qual a família afetada pelo drama é muda, aprisionada entre a janela – pela qual duas pessoas conversando a olham e comentam algo que elas ainda ignoram – e a porta pela qual estas sabem que o drama vai se tornar visível na forma do corpo da jovem que se jogou na água. Essa estrutura visual centrada nos personagens mudos é a metáfora de outro mutismo: aquele pelo qual a suicida levou com ela a razão de seu ato, aquele pelo qual a vida se manifesta como um conjunto confuso de razões de viver e de não viver em todos esses seres anônimos que, como ela, ignoram a si mesmos e poderiam também apenas dizer, até sua morte, coisas banais como "Senhor, senhora, vai chover hoje de manhã"[7] – frase que é o equivalente dramático do famoso barômetro flaubertiano que Roland Barthes queria reduzir à função autorreferencial do "efeito de real" enquanto ele marca bem mais a fronteira imperceptível entre a vida sem história e a vida que se lança no abismo. "Não podemos ver na alma como vemos nesse quarto" comenta o velho[8]. Mas a visibilidade do quarto mudo, cujos habitantes não sabem que estão à espera de uma infelicidade, é justamente a visibilida-

---

7. Maurice Maeterlinck, *Intérieur* [Interior], in Œuvres II, Complexe, 1999, p. 507.

8. *Ibid.*, p. 507.

de paradoxal da alma, entendendo-se por "alma" tudo o que está "em volta" da casa que se pretendia fechada, o espaço "inatualizável" em que se veria caminhar todas as ramificações pelas quais nascem e viajam os pensamentos, e onde se perdem, infinitamente, as razões que cada um(a) tem de falar assim como de se calar, de agir assim como de não agir.

Mas as portas e as janelas do teatro imóvel assumem, normalmente, um caráter menos literal. Elas se manifestam como as aberturas imprevisíveis por onde a ação ficcional se desdobra, e o choque das vontades ou das paixões, que é o normal das intrigas, se abre para dar lugar a poderes invisíveis que são, eles próprios, propensos a se dividirem em dois: assim, na época de Ibsen, em determinismo da herança e em puro acaso do encontro com o Desconhecido. É essa lógica da intriga desdobrada que eu havia analisado, seguindo Maeterlinck, nas intrigas de Ibsen, e particularmente em *Solness, o construtor*[9]. Sabemos como em *Solness* a intriga social do arquiteto que está envelhecendo e sofrendo com a concorrência dos jovens, e a intriga familiar de um casamento secretamente desfeito se veem perturbadas pela chegada da jovem Hilde, que vem pedir a Solness que repita para ela a façanha que outrora a havia encantado, quando criança, indo ele próprio amarrar o buquê no topo de sua última construção: pedido que é uma ordem de morte para esse homem que sofre de vertigem e que o arquiteto acostumado a explorar cinicamente os talentos e as paixões dos outros vai obedecer,

---

9. Jacques Rancière, *Aisthesis. Scènes du régime esthétique de l'art*, Galilée, 2011, p. 137-47.

entretanto, como sonâmbulo, como se obedece a uma ordem vinda dessas forças exteriores que também são as forças mais interiores. A lógica ficcional se racha assim do interior: o cálculo dos fins e dos meios é desgovernado por uma aparição que faz com que Solness caia na verdadeira vida. A verdadeira vida é a que se manifesta em imagens, e Solness só a alcança pagando o preço de sacrificar tudo para beneficiar apenas uma imagem gloriosa, a que ele deixou no olhar de uma criança. Vamos dizer que essa solução metafísica ainda não é uma solução dramatúrgica. Esse olhar, na verdade, tem uma realidade apenas nas palavras trocadas entre Hilde e Solness. E as palavras nunca mostraram o poder de um olhar. Mas a força sensível do teatro é feita dessa própria distância, da ressonância nas palavras, da incapacidade das palavras de dizerem um olhar, mas também da capacidade delas de dizerem o desabamento de toda a lógica dos meios e dos fins diante do poder de um olhar. A arte do teatro consiste em fazer ressoar nas palavras outro poder que o de seu significado, o poder da vida como esse fora-do-espaço que ultrapassa o quadro da ação. Pois essa ressonância só pode ser obtida afrouxando-se os laços que reúnem normalmente as palavras e o ritmo segundo os quais eles interagem, a fim de que elas sejam dirigidas não mais a um interlocutor, mas ao espaço que as cerca e que elas perfuram com a presença do fora-do-espaço invisível. Em Tchekhov, é o poder dessas palavras jogadas umas depois das outras como "pedras em um poço", como as palavras da mulher de Platonov já citadas por mim no começo "Viva segundo as Escrituras. A chave do armário está no bolso do meu vestido de lã", palavras que acompanham um suicídio que nós saberemos, pouco depois, que fracassou. Assim também, em *Tio Vânia*, a célebre frase de Astrov sobre o calor que deve fazer na África, na frente desse mapa do qual as didascálias de Tchekhov nos indicam, como por provocação em relação aos semiólogos futuros, que ele aqui visivelmente não tem nenhuma utilidade. A observação de Astrov não traduz, obviamente, nenhum interesse particular pelo clima africano. Ela ressoa apenas para pontuar o tempo repetitivo ao qual estão, a partir de então, destinados Vânia, cujo crime não aconteceu, e Sônia, cujo amor definitivamente não acontecerá.

O palco teatral se torna, então, o palco do pensamento que excede a ação. Deixo de lado a maneira pela qual essa especificidade interroga os mundos em que o pensamento se apresenta em si mesmo e aqueles em que ele é dado como instrumento de uma ação. Eu me limito ao que esse palco constrói como forma e espaço do drama. Esse pensamento que excede a ação se manifesta essencialmente como ressonância das palavras em um espaço desdobrado. Uma arte específica se funda aqui: a direção como arte da disposição das palavras no espaço. Essa própria arte tende a se especializar como arte da intriga dupla: ela constrói o espaço das palavras que deve fazer a intriga explícita mudar para sua verdade sonâmbula. É o que Maeterlinck efetua em pensamento quando seu artigo faz do encontro entre Solness e Hilde o acontecimento que libera a cena das mentiras da ação, mas também de todos os acessórios minuciosamente descritos por Ibsen, desde os copos de água nas mesas até as gravatas dos personagens. O novo drama só pode ser escrito como a visão de seu autor, mas para que seu poder de apresentação do não presente aconteça é necessário que essa visão precisa seja negada pelo espaço ideal desenhado pelas palavras e, mais ainda, pelo silêncio que as separa. A fórmula cênica disso é proposta por Gordon Craig quando ele empreende repensar a tragédia shakespeariana a partir dos espectros[10]. A própria arte do teatro deve fazer ver e entender a verdade da tragédia: assim, para *Macbeth*, não a história de um bravo soldado corrompido por uma mulher ambiciosa, mas o desenrolar de um sonho, de uma sucessão de visões da qual o herói acordará brutalmente no último ato. O lugar desse sonho, materializado pelos desenhos de Craig, é um castelo desproporcional em relação a qualquer ambição de general e um labirinto em que Macbeth mergulha como nas trevas do inconsciente, sem jamais parecer poder atingir aquele contra quem é dirigida sua faca. É verdade que os desenhos de Craig, como os de Appia, vão continuar a ser desenhos. A direção que dá à intriga sua verdade de sonho acordado nunca acontecerá. A radicalidade do novo teatro encarnando a nova imagem do

---

10. Edward Gordon Craig, "On the Ghosts in the Tragedies of Shakespeare" [Sobre os fantasmas nas tragédias de Shakespeare], in *On the Art of the Theatre* [Sobre a arte do teatro], Heinemann, 1956, p. 264-80. Cf. também "L'escalier du temple" [A escadaria do templo], in J. Rancière, *Aisthesis*, op. cit., p. 203-25.

pensamento parece condenada a existir, sobretudo, nos textos programáticos e nos cadernos de esboços.

Mas a construção desse espaço das palavras pontuando o não espaço da ação é apenas uma das duas formas sob as quais nasce a nova arte da direção. Porque existe outra forma da intriga dupla, em que é a unidade do corpo atuante que vem preencher a distância entre as palavras do drama e a materialidade do espaço cênico. Essa forma consiste em bordar na trama ficcional das causas e dos efeitos um cenário de pura atuação. É o que Meyerhold faz ao reconstruir *A floresta* de Ostrovski como uma série descontínua de episódios apresentada como o exercício de uma atuação singular, ou ao transformar o moinho de *O magnífico cornudo* de Crommelynck em um trampolim para uma série de exercícios de ginástica. Nós poderíamos fazer dessa segunda forma a genealogia que parte do mesmo momento histórico e teórico-político que viu nascer a ideia do drama popular. O momento do pós-julho de 1830, em que o projeto de Victor Hugo do teatro popular é transformado por Büchner em teatro do inconsciente, é também aquele em que Théophile Gautier e alguns de seus amigos estetas vão aplaudir as atuações de Deburau no Théâtre des Funambules. Deburau é, ao mesmo tempo, o anti-Ruy Blas e o anti-Woyzeck. Ele não encarna nem o povo reivindicando seu lugar ao sol, nem o povo como expressão primitiva das forças obscuras. Ele não encarna o povo de maneira nenhuma. Ele executa para si uma atuação que apenas visa à sua perfeita execução – a qual, ela mesma, não tem outro objetivo além do prazer dos espectadores. A indissociabilidade de uma perfeição autônoma e do prazer oferecido aos que a experimentam é, exatamente, essa "arte pela arte" – uma expressão que permaneceu associada à pessoa do poeta espectador do Théâtre des Funambules, pagando o preço de um contrassenso sobre o que ela quer dizer. A arte pela arte é a arte que não mostra nada além de sua atuação, o que não quer dizer que ela se exiba nem que se autoaprecie. É a identidade entre a autonomia de uma atuação autossuficiente e seu efeito no espaço material de representação. Essa identidade tinha, até então, encontrado seu modelo na coincidência entre a representação como encadeamento intelectualmente verossímil de causas e efeitos, e a representação como atuação dos corpos falantes encarnando personagens no palco. No entanto, ela se encontra agora dividida em duas. Por um lado, o encadeamento intelectual das causas foi transformado em teatro das visões, revogando os cenários da verossimilhança, e deixando ao diálogo entre as palavras e o espaço o cuidado de mostrar, sob uma forma estruturalmente imperfeita, o processo invisível segundo o qual as visões ganham corpo. Por outro lado, a perfeição se refugia na pura atuação de corpos que agem sem representar. O que parece ter sido perdido nessa separação é a coincidência entre o teatro como ideia da ação do pensamento e o teatro como ideia colocada em ação. Essas duas ideias parecem, a partir de então, destinadas a olharem uma para a outra pela janela. É o que simboliza a fábula de *Interior*: um "interior" que vê apenas um "exterior", no centro do palco, onde os personagens falam de outro exterior que permanece fora do palco.

Mas a disjunção também é o princípio de uma suplementação. O teatro da ação imóvel dos pensamentos e o teatro da pura atuação dos corpos são, ao mesmo tempo, os lampejos de um corpo perdido e as formas a partir das quais pode ser suplementada uma "organização intelectual das ações" que se tornou falha a partir do momento em que a origem da ação se perde em um espaço impossível de ser circunscrito.

A direção como arte nova nasce precisamente da separação do corpo ficcional teatral em três elementos dissociados: a intriga como organização de ações determinada pelas relações entre os personagens; o teatro do pensamento como jogo das forças invisíveis ressoando nas palavras que caem no poço do palco; a atuação dos corpos executada por sua própria perfeição e para o prazer dos espectadores. Essa arte chegou ao ponto de pensar em si mesma como a nova arte teatral, erguida sobre as ruínas da antiga, e coube a seus pioneiros cobrir seus cadernos de esboços com as composições gráficas desse futuro teatro. Mas ela foi, mais frequentemente, a arte de combinar os três elementos para introduzir na ação ficcional as desacelerações próprias para fazer com que a ficção mudasse para a verdade que está por trás das palavras ou as acelerações próprias para projetá-la em direção a seu exterior, seja este o prazer da sala ou a vida que cerca o teatro.

É essa longa e complexa história que se encontra bloqueada no juízo decisivo de Barthes sobre o aburguesamento do teatro popular. O erro do ator astro do TNP se resumia, para ele, em uma clara oposição: Gérard Philippe tinha *encarnado* o papel em vez de *mostrá-lo*; ele tinha reconstituído no grande palco nu do teatro épico a relação de captação do público pelo ator que era a essência do teatro pequeno-burguês. O princípio da acusação é claro. Foi o momento em que Barthes descobriu Brecht e o rigor da oposição entre o teatro burguês da identificação e o teatro proletário do distanciamento, dando ao espectador, com a liberdade de julgar, a arma do conhecimento que é a condição da ação. Mas a simples oposição entre identificação e distanciamento havia sido para Brecht uma maneira de liquidar o longo período de experimentação durante o qual o teatro dos tempos da revolução proletária havia buscado aproximar da ação política direta uma herança teatral, dividida entre o palco dos pensamentos do sonho e o palco das performances ginásticas. De seu exílio dinamarquês, Brecht tomava decisões em relação às formas do teatro expressionista assim como às do ativismo teatral: tudo isso pôde maximizar o prazer dos espectadores, mas não lhes ensinou nada sobre a maneira de se comportar no palco da ação política[11]. Para unir novamente instrução e prazer, era necessário escolher entre um teatro da identificação, que hipnotize os espectadores, e um teatro do distanciamento, que lhes ofereça as armas da crítica. Nesse momento tivemos uma maneira de esquecer que o pretenso teatro da

---

11. Bertolt Brecht, "Sur le théâtre expérimental" [Sobre o teatro experimental], in *Écrits sur le théâtre I* [Escritos sobre o teatro], L'Arche, 1972, p. 279-98.

identificação era um teatro interiormente dividido, já comportando seus efeitos próprios de distanciamento, ligados à tensão entre várias intrigas e várias maneiras de sentir o efeito. Era também esquecer que no cerne dessas tensões havia o abismo escavado sob a lógica que queria pensar a ação do teatro dentro de uma simples relação entre quatro termos, fazendo rimar passividade com ilusão e ação resolvida com conhecimento claro. Mas é essa lógica, colocada em crise no tempo de Rousseau e de Schiller, que Barthes, depois de Brecht, tenta reafirmar. É ela que ele resume no espantoso silogismo formulado em seu texto sobre "Mãe Coragem cega": "Porque nós *vemos* Mãe Coragem cega, nós *vemos* o que ela não vê"[12], esse próprio argumento construído sobre um jogo de esconde-esconde. Porque, para admitir a improvável dedução segundo a qual a visão dos cegos permanece lúcida, é necessariamente preciso ter admitido que o cego é cego, que Mãe Coragem ao perder seus filhos é vítima de sua cegueira. Mas a peça de Brecht mostra que Mãe Coragem é perfeitamente lúcida e que ela considera a perda de seus filhos como danos colaterais que comporta qualquer comércio. A história da morte de Catherine ou de Schweizerkas não tem uma moral diferente da estampada pelo ruído do tiro da pequena Hedwige no sótão de *O pato selvagem* – história sobre a maneira como os pais sacrificam seus filhos aos interesses de seu comércio ou à satisfação de sua própria imagem.

---

12. Roland Barthes, "Mère Courage aveugle" [Mãe Coragem cega], in Écrits sur le théâtre, op. cit., p. 184 (sublinhado pelo próprio Barthes). Encontra-se um argumento similar aplicado por Barthes à figura de Carlitos em "Le pauvre et le prolétaire" [O pobre e o proletário], *Mythologies*, Points/Seuil, 1970, p. 41. [Edição brasileira: *Mitologias*, Difel, 2003]

Para explicar esses crimes, Brecht tem certamente uma explicação de mundo mais convincente e portadora de mais esperanças que a "mentira vital" de Ibsen. Mas o problema é saber o laço que se estabelece entre esse saber e a atuação apresentada no palco. Deve-se saber como passar não da ignorância de Mãe Coragem ao saber marxista, mas do saber que Mãe Coragem e o marxismo têm em comum sobre os lucros da guerra à ação por um mundo em que as crianças são salvas mais do que os lucros. É uma questão que ganha uma certa insistência na hora da redação da peça, ou seja, no momento em que a pátria do comunismo se alia à Alemanha hitleriana com o pacto que já conhecemos. Naquele momento, a bela lógica que relaciona os atos de Mãe Coragem à sua causa social final deve incluir, com a lembrança do tiro de pistola de Hedwige, a questão à qual Büchner, Ibsen, Tchekhov e alguns outros mostraram: que toda a eficiência do conhecimento estava suspensa. A questão pela qual a política está ligada ao teatro não é a de saber como sair do sonho para agir na vida real; é a de decidir o que é o sonho e o que é a vida real.

Origem dos textos

O trabalho sobre o efeito de real foi primeiramente iniciado a convite de Maria Mühle, da Bauhaus-Universität de Weimar, em junho de 2009. Ele teve uma primeira versão escrita, em tradução alemã, durante a realização do volume coletivo *Realismus in den Künsen der Gegenwart* editado por D. Linck, M. Lüthy, B. Obermayr e M. Vöhler (Diaphanes, 2010).

O trabalho sobre Virginia Woolf teve, como origem, o colóquio "Virginia Woolf parmi les philosophes" [Virginia Woolf entre os filósofos], organizado no Collège International de Philosophie em março de 2012 por Chantal Delourme e Richard Pédot. As atas do colóquio foram publicadas pela revista online *Le Tour critique* (2013, vol. II). Outra versão foi apresentada no colóquio da Society for Novel Studies, organizado em Durham em abril de 2012 por Nancy Armstrong, e publicada na revista *Novel*, vol. XLVII, nº 2, verão de 2014.

"O trabalho da aranha" teve uma primeira versão nos *Studies in Romanticism*, vol. L, nº 2, verão de 2011, a convite de Emily Rohrbach e Emily Sun.

"O gosto infinito pela República" foi escrito para o número especial *Time for Baudelaire (Poetry, Theory, History)* editado por E. S. Burt, Elissa Marder e Kevin Newmark, *Yale French Studies*, vol. CXXV, primavera de 2014.

"O teatro dos pensamentos" teve uma primeira versão durante o colóquio "Images et fonctions du théâtre dans la philosophie française contemporaine" [Imagens e funções do teatro na filosofia francesa contemporânea] realizado na ENS[1] em outubro-novembro de 2012 por iniciativa de Flore Garcin-Marrou e Dimitra Panopoulos.

As reflexões sobre a política da ficção foram propostas, em diversas ocasiões, nas universidades de Madison, Atlanta, Berna, Rabat, Toronto e Trent, bem como na Facultad Libre de Rosario, na Academia de Humanismo Cristiano de Santiago e na European Graduate School. Agradeço a todas e a todos que me convidaram e que discutiram minhas proposições.

---

1. École Normale Supérieure [Escola normal superior]. (N. T.)